U0881628

你的安东

契诃夫书信随笔

Письма и записные книжки

Антон Чехов

[俄罗斯] 安东·契诃夫——著

童道明——译注

译林出版社

图书在版编目（CIP）数据

你的安东 ： 契诃夫书信随笔 / （俄罗斯） 安东·巴甫洛维奇·契诃夫著 ； 童道明译. -- 南京 ： 译林出版社， 2025. 5. --（套子里的人 ： 契诃夫文集）.
ISBN 978-7-5753-0557-0

Ⅰ. K835.125.6；I512.64

中国国家版本馆CIP数据核字第202546117K号

你的安东：契诃夫书信随笔 ［俄罗斯］安东·契诃夫 / 著 童道明 / 译

责任编辑　张　晨
装帧设计　吴　悠
校　　对　施雨嘉
责任印制　颜　亮

出版发行　译林出版社
地　　址　南京市湖南路 1 号 A 楼
邮　　箱　yilin@yilin.com
网　　址　www.yilin.com
市场热线　025-86633278
排　　版　南京展望文化发展有限公司
印　　刷　南京新世纪联盟印务有限公司
开　　本　787毫米 ×1092毫米 1/32
印　　张　11
插　　页　2
版　　次　2025 年 5 月第 1 版
印　　次　2025 年 5 月第 1 次印刷
书　　号　ISBN 978-7-5753-0557-0
定　　价　42.00 元

版权所有 · 侵权必究

译林版图书若有印装错误可向出版社调换。质量热线：025-83658316

目录

译者序

契诃夫几乎不写评论文章，他一生只写过一篇纪念一位俄国探险家的短文。但契诃夫几乎天天写信，留存下来的就有4000多封。

1950年出版的“契诃夫全集”共20卷，书信就占了8卷。1982年出版的30卷全集里，书信也占了12卷，都超过了全集篇幅的三分之一。契诃夫书信是契诃夫文学遗产的一个重要组成部分。

可以说，列夫·托尔斯泰的日记和安东·契诃夫的书信，是19世纪俄罗斯文化的两大奇观。

契诃夫书信第一次大规模地公之于众，是在他逝世十年之后的1914年。一位学者读过之后说：“他（契诃夫）是和我们一样的人，但比我们更典雅。”也许还可以接下去说——比我们更睿智，更幽默，更人道，更有正义感……

读契诃夫的小说、剧本自然能了解契诃夫，但根据我自己的经验，我是在读完了他全部的4000多封信札之后，才敢说：我对契诃夫多少有了真切的认识。

契诃夫主要是在书信中，直接地表达了他对人生和文学的看法，这里有契诃夫的大智慧。

怎么写作?

“简洁是天才的姐妹。”（1889年4月21日信）

说得很抽象，却有普遍的指导意义。

“应该这样描写女人，让读者感觉到您敞开了背心，解掉了领带在写作。描写大自然也应如此。请把自由交给自己。”（1888年10月20日信）

讲得很具体，也能让人举一反三。

怎么做人?

“宁愿做刀下鬼，也不做刽子手。”（1889年1月2日信）

“把自己身上的奴性一滴一滴地挤掉。”（1889年1月7日信）

“再没有比世俗的生存竞争更乏味和缺乏诗意的了，它剥夺了生活的快乐，而让灰暗的俗气弥漫开来。”（1894年7月11日信）

十年前，我头一次阅读契诃夫书简，当我读到这些深沉的话语时，热血沸腾起来。

这次重读契诃夫书简，契诃夫1898年1月13日从雅尔塔写给妹妹玛莎的一封信，分外地吸引了我。契诃夫用十分质朴的语言讲了十分朴素的人生哲理：

“你告诉妈妈，不管狗和茶炊怎么闹腾，夏天过后还会有冬天，青春过后还会有衰老，幸福后面跟着不幸，或者是相反。人不可能一辈子都健康和欢乐，总有什么不幸的事在等着他，他不可能逃避死亡，尽管曾经有过马其顿王朝的亚历山大大帝——应该对一切都有所准备，把一切所发生的都看成是不可避免的，不管这多么令人伤心。需要做的是，根据自己的力量，完成自己的使命。”

契诃夫的书信里不仅有他的大智慧，也有他的真性情。他的书信里有多少对于大自然的赞美，有多少朋友之间的真情流露，而他给他的恋人米齐诺娃及妻子克尼碧尔写的信，就是一束契诃夫式的情书。

在去世前半年的1904年1月8日，他给在尼斯度假的作家蒲宁写信，最后的问候语是："请代我向可爱的、温暖的太阳问好，向宁静的大海问好。"记得当年读到这里，我心里不住地对自己说：契诃夫真可爱。

鲁迅先生说“创作植根于爱”，翻译何尝不也是植根于爱！尤其是一些并非职业翻译家的翻译激情，都是被一种爱的情愫调动起来的。

于是想到戏剧家焦菊隐先生上世纪40年代在重庆翻译丹钦科的回忆录的情景。焦先生在“译后记”里写道：

“……在这时，太阳召唤着我，艺术召唤着我，丹钦科召唤着我。我唯一的安慰，只有从早晨到黄昏，手不停挥地翻译这一本回忆录。”

在我翻译这部书信集的三个月里，也体验过“契诃夫在召唤着我”的激动，也经历过“手不停挥地翻译”的投入。

译完全书，我写了下面这两段文字：

“这是我第二次阅读契诃夫书信。第一次仅仅是阅读，也做了点笔记；这次阅读还要选译一些，还要写点翻译之后的说明性文字和感想。有的长，有的短。

“这次重读从2013年8月2日开始，11月2日结束，整整三个月。在这三个月里，我天天徜徉在契诃夫的情感世界里，我自己觉得，我更了解契诃夫了，也更爱契诃夫了。现在是2013年11月2日13时25分，我要与契诃夫暂时说声再见了。”

童道明

书信

1

致米·契诃夫　1879年4月6日　塔甘罗格

亲爱的弟弟米沙!

正当我百无聊赖地站在门口打呵欠的时候，接到了你的来信，因此你可以判断，你的来信正是时候。你的字写得很好，在整封信里找不出一个语法错误。只有一点我不喜欢：你为什么把自己称作“微不足道的、渺小的小弟弟”？你承认自己的渺小？弟弟，不是所有的米沙都是一个样子的。你知道应该在什么场合承认自己的渺小？在上帝面前，在智慧面前，在美面前，在大自然面前，但不是在人群面前。在人群中应该意识到自己的尊严。

译者注

契诃夫第一封引人注目的书信，写于一八七九年四月六日，是从故乡塔甘罗格写给弟弟米沙的。

安东·契诃夫一八六〇年一月二十九日出生在一个小商人家庭。一八七六年，父亲经营的杂货店濒临破产，遂只身逃离故乡到莫斯科谋生，不久，安东·契诃夫的母亲和几个兄妹也去了莫斯科，只有安东一个人留在故乡，直到一八七九年秋天中学毕业。三年举目无亲的独居生活，造就了同龄人无法与之比拟的独立人格，“在人群中应该意识到自己的尊严”，就是契诃夫最早获得的人生体验。维护普通人的尊严，后来也成了契诃夫文学创作的一个重要题旨。

在早期小说杰作《小公务员之死》里，契诃夫就怀着悲悯之心，摹写了一个小人物在所谓的大人物面前不断丧失“自己的尊严”的悲剧。

2

致格利戈罗维奇　1886年3月28日　莫斯科

我亲爱的、深深敬爱的佳音使者，您的来信像闪电一样震动了我，我激动得几乎要哭泣了，现在我的心灵也还不能平静。我不知该说些什么和做些什么来报答您，就像您抚慰了我的青春，但愿上帝将安慰您的晚年……如果我有什么值得尊重的才赋，那么我要向您纯洁的心灵忏悔：我自己一直不尊重自己的才赋。我感觉到我是有才赋的，但已习惯于把它看得微不足道。要使一个人对自己不公正，要使他怀疑和不信任自己，只要有一丝纯粹的外部原因就足够了……在莫斯科我有数百个熟人，其中有一二十个人从事写作，我想不起其中有谁读过我的作品并认为我是个艺术家。在莫斯科有个所谓的“文学小组”，不同年龄的形形色色的庸才们每周一次在一家饭店的包厢聚会，高谈阔论。如果我到他们那儿哪怕只读您的这封来信中的一段，他们也准会一起来嘲弄我……

我之所以写这一切，只是想在您面前对自己的严重过失稍做申辩。从前我对待自己的文学写作一直极其轻率。我不记得，哪一个作品是我花了一昼夜以上的时间写成的。而您很欣赏的那篇《猎人》是我在洗澡间里一挥而就的！就像记者们写火灾报道那样，我随随便便地、机械地写我的短篇小说，对读者和自己都不负责任……

现在您的来信突然出现在我面前。请原谅我！打个比方，您的来信对于我的作用就像是省长的“二十四小时之内务必出城”的命令一样，也就是说，我突然感到了必须赶紧行动，尽快从陷下去的地方跳出来……

我把希望寄托于未来。我还只有二十六岁，也许，我还来得及做点什么事情出来，虽然时光在飞逝。

译者注

文坛前辈格利戈罗维奇（一八二二——一八九九）的眷顾，完全出乎契诃夫的意料，信开头那几句受宠若惊的话，在契诃夫书信中是绝无仅有的。

格利戈罗维奇写信给契诃夫，是因为他读到了契诃夫的小说《猎人》（一八八五），深感作者有非凡的天赋。他在赞美契诃夫的同时，也希望他要严肃地对待创作，不要辜负了自己的天赋。

《猎人》的确是一篇与契诃夫以前的幽默小品大异其趣的作品，有人还说它有“屠格涅夫的味道”。小说是这样开头的：

一个溽暑闷热的中午，天上连一小片云也没有。青草被太阳晒得枯萎，显得灰心绝望……树林静悄悄的，纹丝不动，似乎在用树梢眺望远方，或者在等一件什么事儿似的。

契诃夫在信中坦承自己此前的创作态度不够严肃。他那句“《猎人》是我在洗澡间里一挥而就的”自白，后来广为传布，成了一个文坛逸闻。

后来契诃夫也兑现了格利戈罗维奇的“不要匆忙写作”的嘱咐。自一八八六年始，契诃夫用于写作的时间并没减少，但作品数量却呈逐年下降的趋势——一八六六年为一百一十二篇，一八八七年便锐减为六十六篇，而一八八八年契诃夫只写了十二篇作品。

3

致格利戈罗维奇　1888年1月12日　莫斯科

我在写一个大东西。我已经写了两个多印张的纸，大概还要写三个印张。因为初次给大杂志投稿，我选择了很久没有人描写的草原。我描绘平原，蓝色的天边，牧羊人，犹太人，神父，晚间的雷雨，旅店，车队，草原的鸟，等等。头一张饼不圆[1]，但我并不泄气。我这个草原百科全书也许还有价值，也许，它能打开我的同龄人的眼睛，向他们展示，有多少美的宝藏尚未开掘，俄

1　俄罗斯俗谚。

罗斯的艺术家还大有可为。如果我的这部中篇小说能让我的同行想起已被人们忘记的草原，如果有一个我草草勾勒的图景能给某一位诗人提供沉思的机会，我也心满意足了……我深信，只要俄罗斯还存在森林、草原、夏天的星空，只要鹬鸟还在叫唤，麦鸡还在啼哭，人们便不会忘记您，不会忘记屠格涅夫，不会忘记托尔斯泰，不会忘记果戈理。

译者注

契诃夫把他正在创作中篇小说《草原》的信息，最早告诉了对他寄予厚望的文坛前辈。他强调，小说的着力点之一，是提醒人们：草原之美“已被人们忘记”，“有多少美的宝藏尚未开掘”。《草原》里描写草原风景有七处之多，但在小说第四章对草原晚景做了一大段描写之后，契诃夫却写下了这一段文字：

在美的胜利中，在幸福的洋溢中，透露着紧张和愁苦，仿佛草原知道自己孤独，知道自己的财富和灵感对这世界来说白白荒废了。没有人用歌曲称颂它，也没有人需要它。在这欢乐的喧闹声中，人听见草原悲凉而无望地呼唤着：歌手啊！歌手啊！

草原的美无人欣赏，无人歌唱，因而草原“孤独”，知道自己的美丽与财富“白白荒废了”。这是草原的悲剧，这也是契诃夫的《草原》的深刻之处。

契诃夫深知，十九世纪俄国文学的大师们都是俄罗斯大自然的歌手，所以他深信：“只要俄罗斯还存在森林、草原……”，人们就永远不会忘记这些俄国文学的大师。

《草原》发表后，获得了一片赞美声，是《草原》让契诃夫跻身于一流作家的行列之中。

4

致普列什耶夫[1] 1888年2月9日 莫斯科

您最近的一封信，给了我极大的喜悦和鼓舞。只要能收到这样的来信，我愿意一辈子戒烟戒酒。

……

为了报答您承诺全文刊登《草原》的美意，我答应夏天我们去漂流伏尔加河的时候，将用极品的美酒款待你们。可惜柯罗连科不喝酒，而在旅途中，当朗月升空，大鱼从水中探出头来的时候，我们居然不会喝酒，那种尴尬无异于我们不会读书。

对于我来说，美酒与音乐永远是最好的开瓶器。当我在旅途中，感到心灵里或者头脑中出现了一个瓶塞子，那么我只消喝上一小杯葡萄酒，就会觉得自己长出了翅膀，而那个瓶塞子已经无影无踪。

---

1 收信人普列什耶夫（一八二八——一八九三）和信中提及的作家柯罗连科（一八五三——一九二一），都是在一八八七年与契诃夫结识的。普列什耶夫的来信让契诃夫如此兴奋，是因为他听说朋友读了《草原》手稿后由衷地赞美。

5

致什赫捷里[1]　1888年2月10日　莫斯科

亲爱的弗拉兹·奥辛波维奇[2]：

奉上您的借款，迟迟还债，乞谅。这样的拖欠也不是我个人的过错，而是错在不能替自己的天才们偿还债务的人类。我现在几乎是个有钱人了，因为昨天收到了五百卢布的小说稿费。这篇小说将刊登在《北方信使》三月号上。如果您不读这篇小说，也不会有太大的损失。

6

致列昂节耶夫　1888年6月9日　苏梅

您无疑是位卓有才华、机敏风趣、久经磨炼而且不受陈规束缚的文化人……但关于《灯火》的结尾，请允许我对您的意见表示不

1　全名为弗拉兹·奥辛波维奇·什赫捷里，什赫捷里是姓，弗拉兹是名，奥辛波维奇是父称。

2　此处名与父称连用表示敬重。

敢苟同。心理学家无须懂得他不懂的东西，特别是，心理学家不能装作能懂得任何人也不可能懂得的东西。我们不必假充内行，而是要痛痛快快地声明，这个世界上什么都弄不明白。只有傻瓜与骗子才无所不知，无所不晓。不过，我还是要祝您健康与幸福。朋友，给我多多来信，我已经习惯您的笔迹，能很好地辨认它们了。

译者注

作家列昂节耶夫（一八五六—一九一一）读了契诃夫的新作《灯火》的文稿后写信给契诃夫，对小说结尾的那句“这世界上什么都明白不了”表示不满，说：“作家的责任恰恰是要弄明白，特别是弄明白小说主人公的心灵，否则他的内心就不清晰了。”

契诃夫不同意列昂节耶夫的看法，坚持认为他的小说《灯火》的结尾没有什么不妥。

《灯火》写一位名叫阿纳尼耶夫的工程师的情感经历，也不乏对人生哲理的思辨。小说的结尾是这样的：

……坐到马上，我最后一次看了看大学生和阿纳尼耶夫，看了看那只醉眼蒙胧的神经质的狗，看了看隐显在晨雾中的工人，看了看路基，和抻长脖子拉车的小马，心里想：“这世界上什么都明白不了！”

我鞭打着马儿，沿铁路线飞奔，不久，能目及的仅仅是无边的、忧郁的平原和阴沉的、冷峻的天空，我想起了昨晚讨论的那些问题。我想，这被太阳灼伤的平原，这辽阔的天空，这远处一大片黑色的橡树林和雾气重重的地平线，似乎都在告诉我：“是的，这世界上什么都弄不明白！”

太阳开始高高升起了……

7

致格利戈罗维奇　1888年10月9日　莫斯科

获奖对我来说当然是件幸福的事，如果我说对它无动于衷，那一定是在撒谎。我觉得，自己好像又上了一个台阶，除了中学和大学之外，又在第三个平台上结束了学业。昨天和今天我不停地在走动，从一个角落走到另一个角落，像是一个热恋中的人，不干正经事儿，只是在幻想着什么。

当然——这是毫无疑问的，我不能把这次获奖归功于自己，还有比我更优秀的、更需要奖金的青年作家，如柯罗连科。他是个很不错的作家，人也正派，如果他把自己的作品集拿出来参赛，他是会得奖的。波隆斯基首先想到了参赛的事，苏沃林积极跟进，把我的书送交科学院，而您就是科学院里的人，您就像一座大山保护着我。

请相信，如果没有你们三位帮忙，我就像看不到自己的耳朵那样看不到这份奖金……

译者注

一八八八年十月七日，年度普希金文学奖揭晓，契诃夫在这年三月出版的小说集《在黄昏中》得奖，他立即给恩师格利戈罗维奇写了这封信，将获奖的原因归结为诗人波隆斯基（一八二〇——一八九八）、《新时报》主编苏沃林的推荐和评委格利戈罗维奇的帮助。其实，《在黄昏中》确实获得了文坛广泛好评。

他提到"还有比我更优秀的、更需要奖金的青年作家，如柯罗连科"。普希金文学奖是有五百卢布奖金的，契诃夫不久前已拿到《草原》的五百卢布奖金，所以认定其他的青年作家比他更需要这笔奖金。

8

致苏沃林　1888年11月20—25日　莫斯科

我想说一件我亲身体验到的不愉快的事，您对此大概也会有同感。是这么回事，您和我都爱普通人，但人们爱我们却是因为在他们眼里我们不是普通人。比如，现在到处都要请我去做客，招待我吃喝，把我当作将军一样地请去参加婚礼。我妹妹很生气，因为人家请她参加什么活动，仅仅因为她是一个作家的妹妹。谁也不想把我们当普通人来喜欢。于是我想，如果我们明天在他们眼里变成了普通人，他们就不再喜欢我们，而只是为我们感到惋惜，这是很糟糕的。

译者注

得了普希金文学奖，契诃夫声名鹊起，但也开始体验到了声名之累，他把这种困惑写信讲给朋友听。

9

致亚·契诃夫[1]　1889年1月2日　莫斯科

……我请你记住，是专制和欺骗毁坏了你母亲的青春。专制与欺骗也葬送了我们的童年，以至于一提到这些就感到恶心和可怕。请你想想，每当父亲在饭桌上因为午餐的菜汤做得过咸而大发雷霆，或骂母亲是白痴的时候，我们心里是多么地厌恶与恐惧啊！现在父亲也不能为这一切原谅自己。……宁愿做刀下鬼，也不做刽子手。

我凭本能干预了你的家务事，但我的良心是清白的。做个宽宏大量的人吧，误解到此为止。如果你是个正直的人，你就不会认为我这封信的动机不良，在我们的关系中只寻找真诚。我和你没有什么纷争。

译者注

一八七九年四月六日契诃夫给弟弟米沙的信，是鼓励他维

1　契诃夫的长兄。

护自己做人的尊严。十年后写给哥哥亚历山大的信，则是批评他在家里的暴力倾向——对妻子和女仆都态度粗暴，无缘无故地大发脾气。契诃夫用父亲粗暴对待母亲的往事作为前车之鉴来劝导哥哥。

10

致苏沃林　1889年1月7日　莫斯科

需要成熟——这是第一；第二，需要个性的自由……贵族作家能够轻而易举地获取的东西，平民百姓需要花费青春的代价方可取得。您不妨去写写一个青年人的故事，他是农奴的后代，站过店铺柜台，进过教堂唱诗班，后来他上了中学和大学。他从小受的教育是服从长官，亲吻神甫的手，崇拜别人的思想，为得到的每一块面包道谢。他常常挨打，外出教书没有套鞋可穿……您写写他吧，写写这个青年人是如何把自己身上的奴性一滴一滴地挤出去的，他又是如何在一个美妙的早晨突然醒来并感觉到，他的血管里流淌的已然不是奴隶的血，而是一个真正的人的血。

译者注

这是契诃夫的现身说法。他的父亲就是个农奴，他小时候就站过柜台，进过唱诗班……“把自己身上的奴性一滴一滴地挤出去”终于使契诃夫获得了“个性的自由”。高尔基曾对契诃夫说：“您是我见到的一个最最自由、对什么也不顶礼膜拜的人。”

11

致普列什耶夫　1889年4月9日　莫斯科

我们知道什么是不道德的行为，但什么是道德——我们不知道。我将秉持这样一个准则，这个准则也是比我更坚强、更智慧的人所坚守的。这个准则是——人的绝对的自由，自由于暴力，自由于偏见、愚昧、鬼怪，自由于暴躁，等等。

译者注

自由乃是契诃夫的核心精神诉求，所以他说：“幸福的人首先是个自由的人。”所以他的那篇最有名的小说《套中人》里有了这样的抒情插话：“啊嘿，自由，自由！甚至仅仅是对自由的某种暗示，甚至是对自由的微小希望，都能给灵魂插上翅膀，难道不是这样吗？”

12

致亚·契诃夫　1889年4月11日　莫斯科

不要雕琢，不要磨光……简洁是天才的姐妹。

译者注

契诃夫在信中和同为作家的哥哥亚历山大·契诃夫（一八五五—一九一三）交流写作经验。这是契诃夫名言“简洁是天才的姐妹”的出典。

13

致普列什耶夫　1889年6月26日　苏梅

可怜的画家去世了。在卢卡村里，他像蜡烛一样地消融着，我每时每刻都感到灾难的临近。不能断定尼古拉哪一天死去，但我深知，他的死期已经很近。不幸的结局就是这样发生的。斯沃博金来我这里做客，利用大哥来到这里接替我照看病人几天的机会，我也正想有五天时间出去换换空气，便邀请斯沃博金和林特瓦列娃姐妹一起去了波尔塔省的斯玛金城。为了报复我的离去，一路上冷风劲吹，天空乌云密布，像是置身于一个冷冰冰的绝境。

半路上又下起了大雨，到斯玛金已是深夜，我们又冷又湿，睡在冰冷的床上，在雨声中入睡。第二天一早又是个讨厌的坏天气。这一生决不会忘记这泥泞的道路、灰色的天空、树枝上的泪水，我决不会忘记，是因为这天早上从米尔哥路特来了一个农民，他带来了一份淋湿了的电报："尼古拉死了。"

译者注

安·契诃夫有两个哥哥、两个弟弟和一个妹妹。他与二哥尼古拉及小妹玛丽娅最亲近。尼古拉（一八五九——一八八九）是个很有才气的画家，契诃夫有一幅年轻时的肖像画就是尼古拉的作品。

但尼古拉早早染上了肺结核，到一八八九年春天，已病入膏肓。契诃夫一直照料着他，但就在他离开病人的几天后，尼古拉去世了。契诃夫痛苦不已。他是怀着负疚的心情写这封向朋友报告胞兄死讯的信的。几天之后他又在给苏沃林的信里表达了尼古拉之死带给他的精神上的打击："可怜的尼古拉死了。我变傻了，麻木了。地狱一般的孤寂，生活中全无诗意，就想逃之夭夭……"

有不少学者认为，一八九〇年契诃夫只身穿行西伯利亚的冒险之旅，也与尼古拉之死不无关系。

与尼古拉温良的性格迥异，大哥亚历山大则是个性格暴躁的人，安东·契诃夫曾在一八八九年一月二日的信中严肃地批评他强势的专断作风，说出了"宁愿做刀下鬼，也不做刽子手"这样激烈的言辞。

信中提及的斯沃博金（一八五〇——一八九二）是国家剧院的

演员。林特瓦列娃姐妹是契诃夫家的亲戚，尼古拉最后就是在他们卢卡村的庄园里去世的。

14

致普列什耶夫　1889年9月14日　莫斯科

至于说到柯罗连科，那么预言他的未来还为时尚早。我和他现在正处在这样一个阶段，命运之神正在决定将我们引向何方：是上升还是下降。摇摆不定也是正常的。事物甚至常有停滞状态。

我愿意相信，柯罗连科最终会胜出，会找到一个支撑点。他的优势是健全的体魄、坚定的信念和清晰的理智，尽管他也有先入之见，但他没有偏见。我也不会接受命运的摆弄，尽管没有柯罗连科的那些优点，但也有自己的特点。在过去我有很多柯罗连科没有犯过的错误，但哪里有错误，哪里就有经验。

此外，我的地盘更大，选择更多。除了长篇小说、诗歌和匿名信外，我全都尝试着写过。我写过中篇小说、短篇小说、小型喜剧、报纸社论、幽默小品，包括给《蜻蜓》杂志写的《蚊子和苍蝇》这类不能登大雅之堂的玩意儿。

如果中篇小说写不下去了，我能改写短篇小说，如果小说写不顺了，我就改写小戏，如此循环往复，直到一命呜呼。因此，尽管我也想用悲观主义者的眼光来审视我和柯罗连科，但没有一分钟丧失过信心，因为我迄今还没有看到可以得出这种或那种的结论的有力证据。让我们再等五年时间，到那时我们会看得更清楚。

译者注

一八八九年九月十二日，普列什耶夫给契诃夫写信，认定柯罗连科“没有多大前途”。契诃夫立即回信，为朋友一辩。事后证明，契诃夫是对的，柯罗连科成为了十九世纪末二十世纪初俄国一位重要的小说家。

15

致彼·柴可夫斯基　1889年10月12日　莫斯科

尊敬的彼得·伊里奇！

这个月我准备出一个自己的新的小说集[1]。这些小说像秋天一样枯燥、单调，艺术的因素和医学的因素混淆在一起，但这并没有打消我向您提出一个诚恳请求的勇气：请允许我把这本书奉献

1　指小说集《忧郁的人》。

给您。我非常希望能得到您肯定的回答，因为这个奉献，第一，能给我带来很大的满足；第二，它能多少表达我对您的尊敬之情，这份敬意迫使我时时想起您。要献给您一本书的想法早在我们一起在莫迪斯特·伊万诺维奇家共进早餐的时候就萌生了，那次您告诉我您读过了我的一些小说。

如果您在同意我这个请求之外还能给我寄一张照片，那我将喜出望外，感激不尽。请原谅我打扰了您，请接受我对您的良好祝愿。

忠实于您的安·契诃夫

译者注

契诃夫非常崇敬作曲家柴可夫斯基（一八四〇—一八九三），把他视为仅次于托尔斯泰的十九世纪后期俄罗斯文化的代表人物。

16

致彼·柴可夫斯基　1889年10月14日　莫斯科

我非常非常感动，彼得·伊里奇，我深深地向您表示感谢。送上一张照片，一本书，如果我拥有太阳，我也会把太阳送给您的。

您的烟盒忘在我这里了。我把它捎给您。里边少了三支烟：一个小提琴手、一个长笛手和一个教师把它们抽了。

再次感谢您！

忠实于您的安·契诃夫

译者注

契诃夫一八八九年十月十二日给作曲家柴可夫斯基写信，说要把最新出版的小说集题献给他。作曲家收到信后的第二天（十月十四日），赶到契诃夫家表示感谢，随后又派人给契诃夫送去一张签名照和一张便条："附信送上我的一张照片，恳请把您的照片也交给这位信差！我是否已经充分地表达了对您的谢意？我觉得还不够，因此我还要对您说，您的关心使我深深感动。"契诃夫见信立即把自己的照片签上名字，附上这封短笺，交给作曲家的信差捎回。

17

致苏沃林　1889年10月23日　莫斯科

当然，不应该为了女人而自杀；不应该，但也可以。爱情不是玩笑。如果因为爱情而开枪自杀，就说明他们对于爱情的态度是严肃的，而这一点很重要。

我对您说这一点，并非是为了论证我的小说的优点或缺陷，而是想说，小说人物的言论并非作品的基石，因为重要的不是言论，而是这些言论的本质……

十二月二十四日我将庆祝自己的文学创作十周年。能够得到个宫廷侍从的官职吗？

译者注

契诃夫的第一篇小说《一封顿河地主给有学问的邻居写的信》，发表在一八八〇年三月九日出版的《蜻蜓》杂志上，但契诃夫把他的文学创作的起始定为一八七九年十二月二十四日，这一天是他的第一篇作品的投稿日。

信中提到的小说，是刚发表不久的《没有意思的故事》。小说女主人公卡嘉在恋爱中曾有自杀的想法。小说的主要内容是一个六十二岁的老教授的自白。老教授的言论有些是很刺耳的，如“阔人的身旁永远少不了寄生虫，艺术与科学也一样”，“但凡一个女人，都能在另一个女人身上找到无数的坏处”，等等，这自然引起了一些读者的议论。所以契诃夫要在信中向他的朋友苏沃林重申“小说人物的言论并非作品的基石”。在十月十七日写给苏沃林的信中，契诃夫把这个意思说得更加明白：“如果给您端上一杯咖啡，那么您别费尽力气去从中寻找啤酒。如果我给您提供教授的思想，那就请您别从中寻找契诃夫的思想。”

18

致苏沃林　1889年12月18—23日　莫斯科

我非常想躲到一个什么地方去好好干上五年。我要学习，从头学起。我作为一个文学家，还很无知，我应该诚实地写作，有感情，有节奏，不是一个月写出五个印张的纸，而是五个月写一个印张的纸。应该走出家门，应该一年开销七百—九百卢布，而不是像现在这样，一年花去三四千卢布，应该抛弃好多东西，但我身上的惰性多于勇气……

到明年一月，我就三十岁了。可恶，我感觉自己好像才二十二岁。

19

致巴拉采维奇　1890年2月9日　莫斯科

我的好人儿，您为什么让灰色的迷雾笼罩在您的心头？当然，您活得不容易，但我们来到这个世界就是为了准备吃苦的。我们不是俄国的宫廷卫士，也不是法国的戏剧演员，不可能有他们那么良好的自我感觉。我们是这块土地上的小老百姓，将来也会像小老百姓那样死去——这是命运，毫无办法。只好顺从命运，就像只好顺从天气一样。我是个宿命论者，当然，这很愚蠢。四月初我要动身去萨哈林岛。这么说，我们还有机会通信。

向您的夫人问好，也向您家的那些鹅儿和鸭儿问好。

译者注

卡·巴拉采维奇（一八五一——一九二七）是契诃夫的一位作家朋友。

那段时间契诃夫的情绪较为低沉，在几天前的一封给友人的信中，还引用了一首带有宿命论意味的民谣：

这不是我的过错
我们的全部生活
都由上苍给我们安排

20

致苏沃林[1]　*1890年3月9日*　*莫斯科*

我想，这次旅行将是历时半年的不间断的劳作——肉体的和精神的，而这对于我是必要的，因为我这个小俄罗斯人已经

1　契诃夫在此信中解释了他穿越西伯利亚，前往萨哈林岛考察的理由。

很懒惰了。应该锻炼自己……就算我的这趟旅行是胡闹，是固执己见、异想天开吧，但您倒是说说，如果我去了，我会失去什么？时间吗？金钱吗？会受苦吗？时间对我来说不值什么，而钱我反正从来就没有过。至于受苦，我在马车上颠簸不会超过二十五至三十天，其余时间我会坐在轮船甲板上或是船舱里，一封接一封地写信轰炸您。就算这趟旅行不会有什么收获，可难道就不会有那么两三天，能让我一生带着喜悦或悲伤去回忆？

您说，没人需要萨哈林岛，也没人对它感兴趣。难道这是真的？

只有不把成千上万的人流放到萨哈林岛并且不为它花费几百万卢布的社会，才不需要萨哈林岛，才对它不感兴趣。在澳大利亚[1]和卡宴[2]之后，萨哈林是唯一可供研究流放犯的地方了，全欧洲都对它产生了兴趣，我们反倒不需要？

萨哈林是一个充斥着难以忍受的痛苦的地方。能吃得了那种苦的，要么是意志绝对自由的人，要么是受尽奴役的人。在岛上或周围工作的人，无论过去还是现在，一直在试图解决可怕而至关重要的问题。可惜我不是个感伤主义者，否则我就会说，我们应该去朝拜萨哈林岛这样的地方，就像土耳其人朝拜麦加那样……

我们把几百万人投入监狱，折磨他们，让他们毫无道理地白

---

1 十九世纪后期英国把澳大利亚作为囚犯的流放地。

2 十九世纪五十年代至二十世纪四十年代，卡宴是法国政治犯和囚犯流放的中心地区，有“不流血的断头台”之称。

白受苦。我们赶着那些戴枷锁的犯人，让他们在严寒中走上万俄里，让他们感染梅毒，让他们腐败，继续繁衍罪犯。然后把这一切都推到红鼻子的狱卒身上。如今整个文明的欧洲都知道这不是狱卒的责任，而是我们自己的过错，但我们却对此不闻不问，不感兴趣。

在我们的时代，确实为病人做了一些事，但还未对囚犯做过任何事。我们的法律工作者也对监狱的事毫无兴趣。不，请您相信，萨哈林对我们而言是需要的，我们应该对它有兴趣。唯一可惜的是，去那里的是我，而不是另一个对此事有更深理解、更善于引起社会兴趣的人。

您的安·契诃夫

四十个苦行僧和一万只云雀

21

致苏沃林　1890年4月1日　莫斯科

您指责我的客观性，将它视为对于善恶的冷漠，视为缺乏理想与思想等等。您希望我在描写盗马贼的时候，同时要说上一句：盗马行为是一种恶行。但要知道这是不用我说也早就明了的事。就让法官去审判盗马贼好了，我的任务仅仅是真实地表现他们。

我写的是："你们要面对的盗马贼，并不是一群穷光蛋，而是一群不愁吃穿的人，是一群走火入魔的人。他们盗马不是简单的偷盗，而是一种激情。"当然，把艺术与布道结合起来是件愉快的事，但由于艺术技巧上的条件所限，我本人很难做到，而且几乎是不可能做到的。要知道用这七百个句子描写盗马贼，我要时时用他们的口吻说话，用他们的头脑来表达思想感情，如果我把自己的主观性附加进去，人物形象就会模糊不清，小说也会失去短篇小说应有的紧凑感。当我在写作的时候，我充分地信任读者，相信读者自己会延伸小说中没有展开的个人感受。

译者注

评论家常用这段话来解读契诃夫的创作心理学。契诃夫的小说《盗马贼》写于一八九〇年年初。

22

致拉甫洛夫　1890年4月10日　莫斯科

对于批评一般不予回答。但这回可不是批评，而是赤裸裸的诽谤。对诽谤也可以不做回答，但过几天我要离开俄罗斯远游[1]，

1　指去萨哈林岛考察。

可能永远也不会归来，我不能不做出回答。

我从来不是一个没有原则的人，或者说，从来不是一个无赖。

不假，在我的文学创作过程中不断出现错误，有的错误还很严重，但这是因为我的才情不够，而与人品好坏无关。我不会讹诈，不会诬告，不会写匿名信，不会溜须拍马，不会撒弥天大谎……

你们的责难是诽谤，我不能要求你们把它收回，因为它已经生效，用斧头也砍不掉。而把这诽谤视为某种疏忽或儿戏，我也不能接受，因为就我所知，贵刊的编辑都是学有所长的正人君子，他们知道要对自己所写的每一个字负责。我只是想指出你们的错误，并让你们相信，促使我写这封信的沉重感受是真实的。在你们的诽谤之后，我们之间再也不可能有任何业务上的联系，即使是一般的点头寒暄也将不可能，这是显而易见的。

译者注

一八九〇年三月号的《俄罗斯思想》上，发表了一篇没有署名的文章，把契诃夫列为“没有原则的作家”，被激怒的契诃夫便于四月十日给《俄罗斯思想》的主编武科尔·拉甫洛夫（一八五二—一九一二）写了这封信。这样怒气冲冲的信是少有的。这可能也反映了契诃夫远游之前的特殊心理状态。他的焦虑源于他可能一去不回：“可能，永远也不会归来，我不能不做出回答。”

写过这封信后，契诃夫的确与《俄罗斯思想》断绝来往有两年之久。

23

致苏沃林　1890年6月27日　布拉格维申斯克

这就是阿穆尔河（即黑龙江）。悬崖，峭壁，森林，无数的野鸭，以及各种各样叫不出名的长喙的精灵。荒无人烟。左岸是俄国，右岸是中国。中国与俄国一样是片蛮荒的土地，难得见到一个村落……我在阿穆尔河漂流一千多俄里了，欣赏到了如此多的美景，得到了如此多的享受，即使现在就死去也不觉得害怕了……我爱上了阿穆尔河，甚至想在这儿住上两年。又美丽，又宽阔，又自由，又温暖。无论是在瑞士还是法国，都从来没有领略过这样的自由。

一过伊尔库茨克，就能遇到中国人，而在这里，中国人到处都是。这是心地最最善良的人民……当我邀请一个中国人到小卖部喝酒的时候，他在喝酒之前先把酒杯朝向我，又朝小卖部的店主与伙计们端了过来，说："喝吧！"这是中国的礼节。他不是像我们那样一饮而尽，而是一小口一小口地喝，每喝一口都要吃点小菜。为了感谢我请他喝酒，他送给我几枚中国钱币。非常客气的人民。

译者注

一八九〇年六月二十七日，契诃夫坐船漂流到俄国布拉戈维申斯克和中国古城瑷珲的一段黑龙江江面上。现在的布拉戈维申斯克靠江的广场上立着一块纪念石牌，上面刻着："一八九〇年六月二十七日安东·契诃夫曾在此地停留。"现在的瑷珲古城遗址纪念馆里也立着一尊契诃夫半身像。

24

致玛·契诃娃　1890年6月29日　哈巴洛夫斯克附近的“穆拉维约夫”号轮船上

船舱里飞着流星——这是些宛如电火星的闪光的小甲虫。白天，阿穆尔河上能看到很多野鸭。这里的苍蝇很大。有个名叫宋鲁利（音译）的中国人和我同住一个船舱，他不断地对我讲述在中国怎样因为一些小事而“脑袋搬家”。昨天他吸足了鸦片，整夜说梦话，搅了我的好梦。二十七日我到中国瑷珲城走了一趟。我逐渐走进一个神奇的世界。轮船在摇动，写字很困难。昨晚我给父亲发了电报，收到了吗？明天到哈巴罗夫斯克。这位中国人会唱歌，曲谱是写在扇子上的。

祝你健康。

你的安东

译者注

玛丽娅·契诃娃（一八六三——一九五七）是契诃夫的胞妹，与契诃夫感情最深，契诃夫的家书大都是写给她的。玛丽娅终生未嫁，哥哥去世后，她全力投入保护、整理契诃夫文学遗产的工作。那位和契诃夫“同住一个船舱”的中国人宋鲁利是谁？对中俄边境交往史素有研究的刘邦厚先生曾做过推测：可能是“清代漠河金矿总办李金镛”。

25

致苏沃林　1890年9月11日　“贝加尔湖”号轮船

我不知道能取得多大的成功，但我已经做了很多工作。所得资料可写三篇博士论文。我每天五点起床，很晚才上床睡觉，每天都处于极度紧张之中，生怕许多工作我干不完……顺便说一句，我有耐心把萨哈林岛上的所有居民都登记入册。我走遍所有的居民点和每个人谈了话；我依靠抄录卡片的办法，已经登记了将近一万个流放犯人和移民。换句话说，萨哈林岛上没有一个流放犯人和移民没有与我交谈过。我特别关注对儿童的登记，我对他们寄以希望。

译者注

一八九〇年七月九日，契诃夫乘船驶入鞑靼海峡，两天后到达萨哈林岛首府亚历山德罗夫斯克，开始了为期三个月零三天的实地考察。一八九〇年九月十一日，他乘坐“贝加尔湖”号轮船从萨哈林岛的北岛驶往南岛途中，给苏沃林写了这封信，谈了他在岛上的紧张的日常工作。

26

致苏沃林　1890年12月9日　莫斯科

这个上帝的世界很好，只是我们不好。我们太缺少公正和宽容，我们对爱国主义的理解也是很糟糕的！放纵无度的酒鬼爱自己的老婆和孩子，但这样的爱有什么用处？我们在报刊上说我们爱我们伟大的祖国，但这种爱又表现在哪里？用自以为是和蛮不讲理取代知识，用懒惰和胡闹取代劳动，没有公正。关于良知的认识，超不过所谓“行政制服的良知”，这个制服不过是一块美化我们的司法体制的遮羞布。需要工作，其他都扯淡。主要的是，要做个公正的人，其他的就好说了。

我非常想和您聊聊。我的灵魂在沸腾……

译者注

一八九〇年十二月八日契诃夫回到阔别半年多的莫斯科，第二天就给苏沃林写信，谈到萨哈林岛之行带给他最大的震撼：“我们太缺少公正和宽容。”后来在《萨哈林岛游记》中，契诃夫也把“公正”的问题尖锐地提了出来：

被流放的人，不管他有多少道德缺陷，有多么不讲道理，他最珍视的是公正。如果压在他头上的那些人身上没有公正，他就一年一年地失去信仰，产生仇恨。

27

致苏沃林　1890年12月17日　莫斯科

见面之后我会从头到尾把一切都说给您听的。当初您反对我到萨哈林岛去，您是大错特错了！……在去萨哈林岛之前，《克鲁采奏鸣曲》对于我来说是个了不起的东西，而现在它让我感到可笑。也许是这次旅行使我更成熟了，也许是我脑子出了问题——只有鬼知道。

译者注

《克鲁采奏鸣曲》是托尔斯泰的小说，契诃夫从充满社会不公的“人间地狱”萨哈林岛回来之后，自然会觉得托翁在小说里描写的社会不公无法与之比拟了。

对于契诃夫的只身远游，亲友们是一致反对的，苏沃林也曾劝阻过，契诃夫顺利返回，而且收获丰硕，自然会觉得当时劝阻他出行的人“大错而特错”了。但契诃夫此行也付出了不小代价。在一八九〇年十二月二十三日的信中，契诃夫就对苏沃林承认："我在咳嗽，心律不齐。"萨哈林岛之行严重损害了契诃夫的健康。

28

致亚·契诃夫　1890年12月27日　莫斯科

是的，我回来了。是的，萨契卡。我周游列国，如果你想知道，我看到了什么，那么，请去读一读克雷洛夫的《有好奇心的人》。多少蝴蝶、昆虫、苍蝇、蟑螂！用块布把嘴塞住，以免因羡慕而流口水。

我穿行了整个西伯利亚，沿阿穆尔河漂流了十二天，在萨哈林岛住了三个月零三天……

非常想见到你，尽管你是个粗鲁的人，是个酒徒，但还是不时地想起你……

如果基尔什卡还没有死去，就祝他狗运亨通。

译者注

俄国寓言作家克雷洛夫（一七六九—一八四四）的《有好奇心的人》写一个人在博物馆里看到了各种各样的昆虫，但却没有看到大象。契诃夫在这里提到这个寓言，有自谦的意思。基尔什卡是亚·契诃夫的爱犬。

29

致莉·米齐诺娃　1891年1月21日　彼得堡

敬爱的莉基雅·斯塔希耶芙娜，先告诉您一个能让您开心的信息：我花十五戈比为您购买了这样高档的信封与信纸。我的承诺已经兑现。我想，这样的信纸完全能符合上流社会的口味，列维坦、费多托夫和火车站站长都是这样的上流社会成员。

敬爱的莉基雅·斯塔希耶芙娜，同时我要让您失望：我不会早于下星期三回莫斯科。

请原谅，这封信我写得很随便：我很激动，发着抖，生怕上流社会知道我们之间的通信。

请不要把这封信给任何人看！

忠诚于您的

安·基斯洛塔

译者注

莉·米齐诺娃（一八七〇—一九三九）是契诃夫最心仪的女友，他们相恋了九年。《海鸥》里女主角妮娜的原型就是莉·米齐诺娃。契诃夫和她相识于一八九〇年，一八九一年起开始了恋情。这是契诃夫写给她的最早的情书。契诃夫又为什么要点出画家列维坦（一八六一—一九〇〇）的名字呢？因为这位著名画家也是米齐诺娃的追逐者。

契诃夫信末署名“基斯洛塔”。俄语“基斯洛塔”是“酸”的意思。

30

致阿·科尼　1891年1月26日　彼得堡

当我想说萨哈林的时候，不知从何说起，常常觉得我说的并不是需要说的。

我现在努力把萨哈林的儿童与少年的生存状态写得详细一点，这状态太特别了。我见到了挨饿的孩子，见到了十三岁的妓女、十五岁的孕妇。女孩从十二岁起开始卖淫，有的还没有来月经。教堂和学校只是纸上谈兵，真正起教育作用的是环境和流放地的现实。我记录了一次与一个十岁男孩的谈话：

我：你的父亲叫什么？

他：我不知道。

我：怎么会是这样？你和父亲生活在一起，却不知道他的名字？得害羞。

他：他不是我真正的父亲。

我：怎么不是真的？

他：他和我妈妈同居。

我：你妈妈是已婚的还是寡妇？

他：是寡妇。她是因为丈夫到这里来的。

我：因为丈夫，这是什么意思？

他：她把他杀了。

……

译者注

阿·科尼（一八四四——一九二七）是位著名的法学家，所以契诃夫把萨哈林流放地最让人扼腕痛心的情状告诉了他。

31

致玛·契诃娃　1891年3月25日　威尼斯

漂亮的、蓝眼睛的威尼斯向你们问好。啊，先生太太们，威尼斯是一个多么美妙的城市！你们想象一下，这是一个由你们从未见到过的房子和教堂构成的城市。让人陶醉的建筑，一切都那么优雅与轻盈，像鸟形的贡多拉。只有拥有很高雅的艺术与音乐情趣，而且拥有巨大的、天才的创作热情的人，才能建造这样的房子和教堂……

威尼斯最好的时光是晚上。第一，满天星斗。第二，有映照灯火与星光的长长的运河。第三，贡多拉，贡多拉，还是贡多拉，天一黑，它们都像有了生命似的。第四，想哭，因为从四面八方都能听到音乐声和美妙的歌声。挂满了五光十色的灯笼的贡多拉在浮动；光线足够让人们看清大提琴、吉他、六弦琴、小提琴……又是一条贡多拉摇来了……男人女人都在唱歌，唱得真好！简直就像是在唱歌剧。第五，暖和……总而言之，不来威尼斯的人是傻瓜。

……

音响弥漫在空中。我的土生土长的朋友们，让我们接受天主教吧！如果你们能知道天主教堂里的管风琴声有多好，如果你们能知道这里的雕塑，如果你们能看到跪在地上祈祷的意大利女人！

祝你们健康，别忘了我这个有罪的人。

从维也纳到威尼斯有一条很漂亮的路，以前很多人都向我说过这条路的沿途风光。但我对它颇为失望，我在高加索和锡兰看到的高山、深谷和雪峰要比这里动人得多。

再见。

您的安·契诃夫

译者注

契诃夫从萨哈林岛之旅归来，体力透支很严重，回家之后又忙于种种应酬，更是心力交瘁。一八九一年一月十四日，契诃夫在给妹妹的信中诉苦说："我筋疲力尽了，就像一个刚刚跳完了五幕八场芭蕾舞的演员……"

此时，正好苏沃林邀请契诃夫一起去欧洲旅行。契诃夫于一八九一年三月十七日随苏沃林父子第一次赴欧洲旅行，先后游览了维也纳、威尼斯、佛罗伦萨、热那亚、罗马、蒙特卡洛和巴黎，五月二日返回莫斯科。

32

致玛·契诃娃　1891年4月4日　热那亚

热那亚的商场富丽堂皇。啊，那些商店！那些商店让我头晕目眩。多么美丽！

译者注

《海鸥》第四幕有一段对话提到热那亚。契诃夫通过剧中人物医生多恩之口，赞美了热那亚夜晚的人流：

麦德维坚柯　请问，大夫，外国哪个城市您最喜欢？

多　　恩　热那亚。

特里波列夫　为什么是热那亚？

多　　恩　在那儿，街上的人流太妙啦。到了晚上，你走出旅馆，只见满街都是行人。然后，你漫无目的地投入到人流之中，沿着弯弯曲曲的路线，你和人流共同呼吸，你在精神上和它融合在一起，这时你才相信，一种共同的世界灵魂确实是可能存在的……

33

致玛·契诃娃　1891年4月15日　蒙特卡洛

我从蒙特卡洛给你写信，就是那个玩轮盘赌的地方。鬼知道这是一种多么刺激的赌博。我先赢了八十法郎，后来输了，然后又赢了，但最终算下来还是输了四十法郎。口袋里还有二十法郎，还想去碰碰运气。我一早就来到赌场，现在已经是深夜十二点钟，如果钱有富余，可以一整年都来赌，穿行于富丽堂皇的赌城！看看输了几千法郎的女人的神情是很有趣的。早晨有个姑娘输了五千法郎，堆满金子的赌桌很显眼。一句话，只有天晓得。这个可爱的蒙特卡洛很像一个美丽的强盗窝。赌输了的人自杀的事件是常见的。

苏沃林赌输了三百法郎。

我们很快就能见面。周游列国，已感乏味。该是清醒的时候了，否则脚后跟要疼痛难忍了。

向所有的人深深鞠躬，祝幸福。

你的安·契诃夫

天空阴沉沉。

34

致玛·契诃娃　1891年4月21日　巴黎

今天是复活节。就是说，耶稣复活了！这是我没在家里度过的第一个复活节。

我是星期五早晨到的巴黎，随即去参观了世界博览会。是的，埃菲尔铁塔非常非常高。我只在它的场馆外面看了看，因为里边有防暴警察驻扎……

参观了年度画展，但有一半的展品因为我眼力不济而没有欣赏到。顺便说说，俄国的画家要比法国画家严肃得多。跟我昨天看到的此地的风景画家相比，列维坦是个国王。

这是最后一封信，再见。我带着一个空箱子出来，即将满载而归。你们中的每一个人都会得到一份应得的礼物。

祝健康。

你的安·契诃夫

译者注

为了举办世界博览会，巴黎特地建造了一座高达三百米的埃菲尔铁塔。契诃夫一到巴黎就去瞻仰了这座一年多前落成的铁塔，而且也知道这座造型颇为奇特的建筑，遭到了包括莫泊桑在内的一些法国名流的非议。在写就于一八九六年的《海鸥》中，契诃夫也触及了这个在当时很引人关注的“埃菲尔话题”——

特里波列夫说："……可是在我看来，目前的戏剧不过是一种成规老套和偏见罢了。幕布一拉开，脚灯一照亮，在一间有三堵墙的房间里，这些伟大的天才，这些神圣艺术的祭司们，就给我们表演起人们怎样吃饭，怎样喝茶……这样，我只好逃之夭夭，就像莫泊桑非得躲开埃菲尔铁塔一样……"

按：俄国著名风景画家列维坦是契诃夫的情敌，也是朋友。他曾在雅尔塔契诃夫家的壁炉上画下《暮色中的干草垛》，以便契诃夫一抬眼就能看到俄罗斯北部的风景。

又按：莫泊桑在报纸上发表过文章，批评埃菲尔铁塔的"奇形怪状"，声称要"逃避埃菲尔铁塔"。

35

致苏沃林　1891年5月10日　阿列克辛

我现在很愿意，甚至很高兴能读到不仅关于我，而且关于一切方面的严肃的评论文章。我渴望能读到有分量的好文章。但现今整体的俄罗斯文学评论不能给我带来教益，而只能激怒我。

……

星期一、星期二、星期三我写萨哈林游记，星期日写短篇小说，其他的日子写一部长篇小说。我写得很投入，但家里人太多，我就像一只虾那样与其他的虾关在一个笼子里——拥挤。天气近来特别好，别墅的周边环境也很好，树林很多……河里有很多鱼虾，看得见火车和轮船。如果不是住处拥挤，我就非常满足了……

我不准备结婚。我现在想变成一个秃顶的小老头，坐在一个很考究的书房的大书桌后。

译者注

契诃夫不喜欢他那个时代的文学评论家。他曾经把自己比作一头正在劳作的牛，而评论家则是妨碍他劳作的牛虻。

从欧洲旅游回来，契诃夫便住到亲戚家在阿列克辛的一处别墅里埋头写作。他信中说的“长篇小说”就是中篇小说《决斗》，这是他萨哈林之旅后写作的第一部有分量的作品。在小说的结尾处，有主人公的内心独白：“寻求真理的时候，人也是进两步，退一步。痛苦啊，错误啊，对生活的厌倦啊，会把他们抛回来，可是寻求真理的渴望和固执的毅力推动着他们前进。谁知道呢？也许，人终究会抵达真正的真理……”

36

致苏沃林　1891年5月18日　阿列克辛

我的獴走进了树林，再也没回来。大概已经死了。

昨天我一整天在写萨哈林的天气。很难写这样的细节，但我最终还是抓住了魔鬼的尾巴。我写天气时描绘了这样的景象，读起来会产生寒气逼人的感觉。用数字来表达太没有意思！

我每天清晨五点起床，等我老了以后肯定会四点起床。我的祖辈都早起，起得比公鸡还早。我发现，早起的人都是忙忙碌碌的人。这就意味着，我将是一个不知疲倦、不得安宁的老头。

译者注

契诃夫养了一头从锡兰（今斯里兰卡）带回来的獴，走失了十八天后这个小动物又回来了，而且还长胖了。他在一八九一年六月四日给苏沃林的信中发表感慨："它在森林里迷失了十八天，尽管气候条件对它来说是如此可怕，它竟然长胖了——这是自由的恩赐。是的，先生，自由是个伟大的玩意儿。"

《萨哈林旅行记》第七章写到了岛上的天气。除了用温度来表明天气的严酷之外，契诃夫还这样写道："在这种天气的影响之下，很多冷漠的人变成了冷酷的人；很多善良、胆怯的人，因为整周甚至整月见不到太阳，便永远丧失了对美好生活的希望。"

37

致米齐诺娃　1891年6月12日　博基莫沃

您迷恋上列维坦之后，完全忘记了向我弟弟伊万做过要在六月一日来我家做客的许诺，我妹妹给您写信，您也不做回答。我也往莫斯科写过信，邀请您来做客，但我那封信也成了沙漠里得不到回音的呼喊。您尽管出入上流社会（您是玛尔基耶丽小姐那里的座上客），但您还是缺乏教养，有一次我用小鞭子教训过您，对此我深感后悔。您应该知道，我们每一天对您的期待，不仅让我们心神不宁，同时也增加了我们的开销：我们自己吃午饭一般只是喝昨天留下的菜汤，而如果待客，我们还要到邻村去买牛肉做热菜。

我们的花园非常好，浓绿的林荫路，幽静的角落，小河，磨坊，小船，月夜，夜莺，火鸡……在小河和池塘里有聪明的青蛙。我们常去散步，而且我常常闭着眼睛，把右臂膀弯成一个半圆，想象着是您正在与我挽手同行。

如果您坐火车，就在火车站上找一找马车夫古申，他会把您拉到我们家来的。您也可以提前在小站下车，不过这要事先通知我们，我们好派车去接您。从小站到我们家只有四里地。

代我向列维坦问好。您让他给我写信时别总是提起您。第一，他这样做有失风度；第二，他的幸福与我没有关系。

祝您健康和幸福，别忘了我们。看门人的妻子向您问好。

这是我的签名：

译者注

画家列维坦也追求米齐诺娃，从这封信里可以看出这种三角关系的端倪。所以契诃夫也随时准备着米齐诺娃移情别恋。一八九二年十二月二十八日，契诃夫给她写信说：“丽卡（即米齐诺娃）欺骗了我。那也好，好在我以后与朋友们一起吃晚饭的时候，可以在餐桌上说：‘一个金发女郎把我欺骗了。’”

38

致亚·契诃夫　1891年7月24—25日　博基莫沃

苏沃林来过两次，钓了鱼，也说起了你。我忙于写萨哈林游记和其他了无兴味的工作。我想买彩票赢得四万卢布，这样就可以和讨厌的写作一刀两断，再卖点土地，和伊万相邻而居，我期望着能给你们这两个穷亲戚一人五亩地。总的来说，我的生活很乏味，已经厌倦了这种爬格子赚小钱的活法，而且衰老也渐渐向我逼近……

译者注

契诃夫说“衰老也渐渐向我逼近”，但其实这年他才三十一岁。

39

致苏沃林　1891年7月29日　博基莫沃

已经闻到秋天的气息。我爱俄罗斯的秋天。秋天里有某种特别忧郁的、亲切的和美丽的感觉。真想和大雁一起飞到什么地方去……有人用板车送来一个女病人，我得去看看。祝您健康。

译者注

在剧本《三姐妹》的尾声，玛莎的独白里也提到了大雁：“……千百年来，每一个春秋，不停地飞……”

说到秋天，契诃夫常将它与忧郁的情绪联系起来。在小说《带阁楼的房子》里，就有这样的描写：“这是一个忧伤的八月之夜，说忧伤，是因为有了浓浓秋意。”

40

致苏沃林　1891年8月30日　博基莫沃

这篇小说您喜欢，谢天谢地。最近我很不自信，常常觉得，我穿的裤子很糟，我写的东西不好，我开的药方不对。这大概是神经有点问题了。

……

我的住房很冷。我现在需要地毯、壁炉、铜雕，和有文化的人交谈。唷，我永远不会成为托尔斯泰主义者！在女人身上我首先欣赏她们的美丽……

译者注

“这篇小说”是指《决斗》。

契诃夫崇拜托尔斯泰，但也并不完全信服他的见解。比如，契诃夫不否定物质享受，不认同禁欲主义，因此说“我永远不会成为托尔斯泰主义者”。而且毫不掩饰地说：“在女人身上我首先欣赏她们的美丽……”

41

致苏沃林　1891年9月8日　莫斯科

您建议把我的中篇小说命名为《谎言》并不合适。有意识的谎言才是谎言。无意识的谎言不是谎言，而是错误。至于我们有钱，我们去吃肉，托尔斯泰也称之为谎言，这就过分了。

译者注

这部中篇小说仍然是《决斗》。契诃夫又向苏沃林提及了他在一些问题上与托翁持不同意见。

42

致叶·莎芙洛娃　1891年9月16日　莫斯科

谁常在大海里游泳，谁就喜欢陆地；谁常置身于散文中，谁就渴望诗情。所有的妇科医生都是理想主义者。您的医生诵读诗歌，这能暗示您真理之所在。我想补充一句，他是个略有神秘感的自由主义者，幻想娶一个涅克拉索夫笔下的俄罗斯妇女。著名的妇科医生斯涅吉列夫总是用颤抖的嗓音来谈论俄罗斯妇女。我认识的另一位妇科医生暗恋上了一个他从远处看到的神秘女子。还有一位妇科医生常去剧院看首演，然后在衣帽间大声议论，坚持认为剧作家应该塑造理想的女人，等等。同时您还没有注意到，一个愚蠢或平庸的人是不可能成为一个优秀的妇科医生的。智慧，哪怕是学院式的智慧，总会比他的秃顶更有亮度。而您只是看到了他的秃顶，并把它强调出来，而把他的智慧置之脑后……挪亚有三个儿子——闪、含和雅弗。二儿子含只知道他父亲是个酒鬼，而完全忘了他父亲挪亚是个建造方舟、拯救世人的伟人。写文章的人不应该向含学习。切记，切记。

译者注

叶·莎芙洛娃（一八七四—一九三七）是与契诃夫交往甚密的女作家。她也许在信中说了什么对妇科医生不敬的话，契诃夫不得不为他的同行做辩护。

按：涅克拉索夫（一八二一—一八七八），俄国诗人，在诗作中赞美俄罗斯女性质朴的美。

43

致苏沃林　1891年10月19日　莫斯科

啊嘿，朋友，多么无聊！如果我是个医生，就需要病人和医院；如果我是个文学家，就需要生活在人民中间，而不是困在这个小特米特洛夫卡，和一只獴待在一起。需要哪怕是一小块社会生活和政治生活，哪怕是一小块，而像这样被关在四堵墙里，没有大自然，没有人群，没有祖国，没有健康和食欲的生活，不是生活……

44

致苏沃林　1891年10月25日　莫斯科

每天夜里醒来，便读《战争与和平》。读得津津有味，像是第一次读到它。非常之好。只是不喜欢写到拿破仑的那些地方。只要拿破仑一出现，别扭便随之而来，像是在想方设法让人相信此公比他实际的本人更愚蠢……

如果我在安德烈公爵跟前，我就能治好他的伤病。当然，这不是说我自己的医术有多高明，而是指医学有了整体的进步。读小说时觉得奇怪，这么一位有德的公爵，受伤之后有医生日夜照看，又有娜塔莎和索尼娅悉心照料，伤口竟还会化脓，散发恶臭。那时的医疗技术多么糟糕。

45

致苏沃林　1891年11月22日　莫斯科

哎嘿，自由，自由！如果做到一年的花销不超过两千卢布，就只能住到乡下去，到那时我就可以完全摆脱有关金钱的考虑。那时我就可以工作和读书了……一句话，生活将像果酱一样甜蜜！

译者注

自一八九一年秋天开始，契诃夫一直想着买一处庄园，离开莫斯科到农村去过乡居生活。在一八九一年十二月十四日给一位友人的信中，契诃夫写下："已经下了决心：从莫斯科滚出去！我让玛莎全权处理，哪怕到大自然中去置一个狗窝。"

两个月后，妹妹玛莎不辱使命，替哥哥在离莫斯科七十俄里的一个名叫梅里霍沃的地方，买了一处庄园。

46

致吉洪诺夫　1892年2月22日　莫斯科

……我十三岁的时候，就知道了爱情的秘密。

47

致苏沃林　1892年3月6日　梅里霍沃

我现在坐在有三扇大窗子的书房里，感到神清气爽。我一天要到花园里去五次，把雪铲到水塘里。屋顶上的雪在融化，已经闻得到春天的气息……花园很好，院子很朴素。还有公园。沙里克和阿拉普拉是两条可爱的狗。离我这里四俄里有所修道院——达维多夫修道院，我和您将来可以去看看。我书房里的光线好极了，眼睛都能被太阳光刺痛。房间里暖洋洋的。

译者注

一八九二年三月四日，契诃夫移居梅里霍沃，第三天，他把乡居生活的第一印象告诉了他的老朋友。

在梅里霍沃居住的六年，是契诃夫创作的黄金时期，很多重要的作品，如《第六病室》《黑修士》《海鸥》《套中人》等，都是在这里完成的。有的学者认为，《黑修士》中关于彼索茨基家那处花园的描写，可能就来源于作家在梅里霍沃庄园的感受，如："在这种地方，人总会生出恨不得坐下来写一篇叙事诗的情绪。在这所房子附近，在院子里，在那个连同苗场一共占地三十俄亩的果园里，一切都欣欣向荣，哪怕遇到坏天气也充满生机。"

48

致苏沃林　1892年3月17日　梅里霍沃

在乡村生活有诸多不便，已经开始了恼人的泥泞。但在大自然中有某种神奇的、特别感动人的东西，它用自己的诗意补偿了生活中的种种不便。每天都有新鲜事，而一天比一天更加美妙。椋鸟飞来了。四处水声潺潺，在白雪融化了的地方已经长出青草。白天很长。你好像是生活在澳洲这样的天边。心情很安宁，很自在，也充满生趣，因为你不为昨天惋惜，也不为明天担忧，这样，远处的人你都觉得是好人。这是很自然的，因为我们从城里来到乡村，不是为了躲开人群，而是为了躲避虚荣心，这种虚荣心在城里人身上常常是没有道理的和很出格的。看着这春天，我真希望另外一个世界上存在天堂。

译者注

几天后的一八九二年四月二十九日，契诃夫在给女作家阿维洛娃的信里又抒发了他对春天乡间的美好感觉："现在乡间很好。不仅是好，甚至是美妙。真正的春天，绿树成荫，天气暖和，夜莺在歌唱，青蛙在喧闹。我没有钱，但我是这样想的：人的富足不在于他拥有很多钱财，而在于他有条件生活在早春提供的色彩斑斓的环境中。"

49

致米齐诺娃　1892年3月27日　梅里霍沃

丽卡，严寒在我庭院里，也在我的心底，所以我不能给您写一封您期望得到的长信。

别墅的事您是怎么解决的？您是个爱说谎的人，我不相信您：您全然不想住到我家附近来，您的别墅在瞭望台下的肉铺——那是您的心所向往的地方。我们对于您来说分文不值。我们是老年的椋鸟，唱出的歌儿早已被人遗忘。

斯马金来我家住了两天。今天来了一个警察。寒暑表上的水银柱指向了十度。我对水银柱大骂了一通，它却回报我以一丝寒光……丽卡，春天何时来临？这后边一个问题请您按字面理解，其中并无深意。呜呼，我已经是个苍老的年轻人，我的爱情不是太阳，无论是对于我本人，还是对于我爱着的小鸟，都成不了春天的气候！丽卡，我热烈地爱着的，不是你，在你身上我爱着的，是我过去的痛苦和逝去的青春。

译者注

斯马金是契诃夫家的一个朋友。

“瞭望台下的肉铺”是画家列维坦常去的一个所在。契诃夫对米齐诺娃与列维坦的暧昧关系感到不悦。对米齐诺娃的爱恋充满矛盾与苦涩。两天之后写的信里，契诃夫甚至说：“丽卡，骗骗我们吧。欺骗总比冷漠好。”

50

致苏沃林　1892年4月8日　梅里霍沃

画家列维坦住在我这儿，昨天傍晚我和他出去打猎，他击中了一只丘鹬。那只鸟儿，翅膀上中了五枪，落到了池塘里。我捡起了它：长长的喙、大大的黑眼睛和美丽的羽毛。它吃惊地瞪着眼。该拿它怎么办？列维坦皱着眉头，闭上眼睛，用颤抖的声音恳求说：“亲爱的，用枪托打它的头……”我说：“我做不到。”他继续神经质地耸动着肩膀，摇晃着脑袋恳求我。而那只丘鹬呢，也依旧吃惊地瞪着眼。只得听从列维坦的话，打死了它。一只美丽可爱的鸟儿死了，而两个傻瓜回家去，坐下来吃了晚饭。

译者注

画家列维坦一九〇〇年去世后，他弟弟把他的包括契诃夫来信在内的所有书信都烧掉了。列维坦常常到梅里霍沃去契诃夫家做客。我们只能从契诃夫给苏沃林的这封信中，获知契诃夫与列维坦一次在梅里霍沃打猎时经历的令人心颤的一幕。

列维坦与契诃夫之间的友谊一度因小说《跳来跳去的女人》发生误会而中断，直到一八九五年一月，列维坦才重访梅里霍沃，离别时，列维坦留下一张便条："能重访契诃夫一家，我感到无比的高兴，我又回到了我珍贵的地方，说实在的，它将永远是珍贵的。"

51

致阿维洛娃　1892年4月29日　梅里霍沃

现在乡间很好。不仅是好，甚至是美妙。真正的春天，绿树成荫，天气暖和，夜莺在歌唱，青蛙在喧闹。我没有钱，但我是这样想的：人的富足不在于他拥有很多钱财，而在于他有条件生活在早春提供的色彩斑斓的环境中。

您可以想想，我的一个熟人，一个四十二岁的夫人，从我的《跳来跳去的女人》那位二十岁的女主人公身上认出了自己，整个莫斯科都在指责我诽谤了他人。主要的证据是表面上的相似：夫人也在学画，她的丈夫也是医生，她也有个情人是画家。

译者注

莉·阿维洛娃（一八六五—一九四三）是一位与契诃夫交往很密切的女作家。一八九二年四月中旬问世的小说《跳来跳去的女人》塑造了一个埋头苦干的医生戴莫夫的形象，但他妻子奥尔加以为丈夫过于“平凡”，于是成天周旋于一些演员、画家、作家等“名流”之间，特别是和一个风景画家里亚包甫斯基打得火热。直到戴莫夫得了重病，奥尔加才“忽然痛心地感到自己对不起戴莫夫，对不起他对她的那种深厚无边的爱情”。

《跳来跳去的女人》刚一发表，便引起一场轩然大波。首先出来对号入座的，是一位四十二岁的名媛库甫申尼科娃，她指责契诃夫在小说中影射了她。画家列维坦也怀疑小说中的画家是暗指他，甚至提出要和契诃夫决斗。当然他俩后来是和解了的。

52

致苏沃林　1892年6月4日　梅里霍沃

我有一个很好的喜剧题材，但还没有想好它的结尾。谁为剧本发现新的结尾，谁就开启了新的时代。不要那些老一套的庸俗的结尾：剧中人物要么结婚，要么自杀，没有其他的结果。我未来的一出喜剧名叫《烟盒》，如果没有想出像开头一样出人意料的结尾，我是不会动笔的。而一旦我想好了结尾，我用两个星期的时间就能把它写完。

53

致苏沃林　1892年6月16日　梅里霍沃

我的灵魂追求高远与宽阔，但我又不得不过一种狭窄的钻进讨厌的钱眼里去的生活。再也没有比小市民的生活更庸俗的了。这种生活充斥着渺小的物质享受、荒唐的高谈阔论和谁也不需要的小恩小惠。我的灵魂在痛苦，因为意识到我是在为金钱劳作，金钱成了我事业的中心。这个痛苦的感觉与正义的感觉串联在一起，让我认清我的写作是一项不体面的劳作，我不尊重我写的东西，我为自己感到沮丧，略感欣慰的是，我还有医生的职业，不管怎么说，我行医不是为了钱财。应该在灰色的生活环境中自我救赎，从自己身上剥去一层皮，然后生长出新的皮肤。

译者注

卖文为生的生活让契诃夫痛苦，这种过于严苛的自责，也反映了他高尚人格的一个侧面。这就是为什么他在梅里霍沃期间怀着极大的热情去参加诸如赈灾、救灾（防治霍乱流行）、兴学（他为梅里霍沃捐助了两所农村小学）等公益活动，而免费为农民看病更是他日常工作的一部分。

54

致苏沃林　1892年10月10日　梅里霍沃

现在交了新的朋友。我们过去对农民的恐惧现在看来是荒唐的。我在村公所帮忙，出席医疗站的会议，到各个工厂去巡诊。人们已经把我当作自己人，如果路经梅里霍沃还会在我家留宿……总之，到现在为止，一切都很新鲜和有意思，将来如何，则不得而知。已经下雪了，很冷，但莫斯科对我并无吸引力。现在还没有寂寞的感觉。

我的邻居沙霍夫斯科依公爵，是个年轻人，他常来我这里，聊过很多。他等待着您，想给您看看他家收藏的十二月党人的书信，他说这样的信件有很多。

这里的知识分子很可爱，主要是——很真诚。就是警察不讨人喜欢。

译者注

迁居梅里霍沃半年之后，契诃夫终于与当地的农民、知识分子有了交情，“就是警察不讨人喜欢”。读过《变色龙》和《普里希别叶夫中士》的人都知道，契诃夫笔下的警察都是“不讨人喜欢”的。

55

致亚·契诃夫　1892年10月21日　梅里霍沃

收获了庄稼之后，我们现在不知道该做些什么。下着雪，树木凋零，鸡群缩在一个角落里。饭桌和床铺都失去了吸引力，无论是烤鸭还是酸蘑菇都引不起食欲。尽管如此，生活并不枯燥。第一，空间辽阔；第二，可以坐雪橇玩；第三，没有人拿了小说稿子来找我侃大山；第四，多少出于对春天的幻想，我栽种了六十棵樱桃树和八十棵苹果树……

56

致苏沃林　1893年2月5日　梅里霍沃

亲爱的，我非常不幸——妹妹像是得了伤寒。可怜的她是在莫斯科得的病。当我把她领回家来，她高烧四十度，全身疼痛，面黄肌瘦……我看护了她两个夜晚。她说："我要死了！"这把全家都吓坏了，特别是母亲。曾经有个时刻，真觉得玛莎马上要死去。现在她已经接连四个昼夜头痛，身子动一动就痛。再没有比给自己的亲人治病更痛苦的了。你做了所需要的一切，但又时时觉得你可能做错了什么……

您一定要对安娜·伊万诺芙娜[1]说，我向她鞠躬致礼，她曾埋怨我在给您的信中常常泛泛地用"向您全家问好"一笔带过。我要向她深深一鞠躬，感谢她的殷勤待客，我在你们家过得很愉快。

让天空、太阳、月亮和星星守护你们。

57

致伊·奥斯特洛夫斯基　1893年2月11日　梅里霍沃

医学是我的合法妻子，文学是我的情人。当然，二者互相干扰，但还没有到互相排斥的地步。我一八八四年大学毕业，一八八八年获普希金文学奖，一八九〇年游萨哈林岛，我还要写一本关于它的书。这就是我的经历。还有，一八九一年我去欧洲旅游了一趟。还没结婚。不富裕，完全靠稿费生活。年岁越长，

1　安娜·伊万诺芙娜是苏沃林的妻子。契诃夫到彼得堡，常在苏沃林家歇脚。

工作得越少。我已经有衰老的感觉，健康情况不佳。至于您在信中说到的泛神论，尽管您说了一些好话，但我要对您说：眼睛不可能长得比额头高，每个作家只能按自己的能力写作。飞到天堂去自然好，但没有这个力量。如果文学写作的质量完全取决于作者的善良愿望，那么我们会把成百上千的作者称为优秀作家。问题不在于泛神论，而是在于作者的才分有多高。

译者注

伊·奥斯特洛夫斯基是契诃夫的中学同学。“医学是我的合法妻子，文学是我的情人”——契诃夫常常以此说明自己的身份。

58

致苏沃林　1893年2月13日　梅里霍沃

我们这里冰开始融化了，已经有了春天的气息，但现在又寒气逼人。鸟群和家畜都在受罪。

我给上级机关写了一份去年的医疗报告，除了数字外也写了一些重要的想法。报告并不完备，因为我去年接诊的病人有一千多，但我只登记了六百个病例……我在读屠格涅夫，很精彩，但他要比托尔斯泰矮一大截！我以为托尔斯泰永远不会变老。语言可以变老，但他（指托尔斯泰）永远年轻。

译者注

《父与子》《贵族之家》的作者屠格涅夫（一八一八—一八八三）当然是十九世纪后叶的俄国大作家，但契诃夫心目中的文学偶像是托尔斯泰。在一八九三年二月二十四日写给苏沃林的信中，契诃夫继续写道："只要一想起托尔斯泰的安娜·卡列尼娜，屠格涅夫的那些露着迷人肩膀的女人就黯然失色了。"

59

致阿维洛娃　1893年3月1日　莫斯科

您有了很大的进步，但请允许我重复一句我的忠告——写得冷静一些。越是遇到情感色彩浓重的场面，下笔越是要冷静，出来的效果也就越有情感色彩。不要给文学撒上糖粉。

60

致什赫捷里　1893年4月1日　梅里霍沃

今天天气回暖，我步行三四俄里到一个村子里去给一个得了伤寒的农妇看病。我在森林里穿行，太阳照耀着，整整两个小时，感觉自己像是个国王……

怎么办？咱们出版一本什么书？我手痒了。我爱摸墨水瓶，像是寄生到了文学身上，年岁越大，到纸堆里去讨生活的愿望越发强烈。如果我有一百万卢布，我想我能出版一千种书。

61

致亚·契诃夫　1893年4月30日　莫斯科

先说春来了，天气暖和了，各种植物从地上冒出头来展示各自的性格……

你得开窍。首先把小说的名字改了，还得删，老兄，要删！直接从第二节开始。要知道那个商店的顾客在小说中不起什么作用，为什么要给他一页纸的篇幅？得删减一半多。请原谅，我不喜欢不经删改的小说，需要狠狠地删改。

译者注

大哥亚历山大寄给契诃夫一篇小说征求意见，契诃夫便不客气地提出了上述意见。中心意思是要删削，“得删减一半多”。

62

致苏沃林　1893年7月28日　梅里霍沃

您爱美食，我也非常喜爱。非常向往大海，在雅尔塔或菲奥杜西亚住上一个星期，对我来说将是个真正的享受。家里很好，但在船的甲板上要好一千倍。渴望自由和金钱。坐在甲板上，喝喝葡萄酒，谈谈文学，而晚上可以和美女相聚。

63

致米齐诺娃　1893年8月13日　梅里霍沃

亲爱的丽卡，没有给您写信是因为没什么可写；生活是那样空虚，除了感到苍蝇咬人之外，再也没有什么。来吧，亲爱的金发女神，让我们一起聊聊天，吵吵架，然后和好如初；没有您，我觉得烦闷，为了能得到与您交谈五分钟的机会，我愿意支付五卢布。没有霍乱，但有痢疾，有百日咳，有淫雨连绵的坏天气，有伤风咳嗽。好丽卡，您来吧，来唱歌。夜晚变长了，但身边没有一个可以驱散我寂静的人。

等我有了钱，即等到霍乱病流行结束之后，我要去彼得堡。大概十月份我就已经在那里。我想在那个地段盖个房子，我想移居。这些都能办得到。得不到的仅仅是我所欠缺的生活的诗意。

钱！钱！有了钱，我就去一趟非洲南部，我现在正在读一封有关南非的书信。在生活中需要有目标，而当你在旅行的途中，你就有了目标。

我们种的黄瓜熟了。勃鲁姆爱上了梅里丽兹。我们生活得很平和。酒不喝了，烟不抽了，但晚饭之后总想睡觉，而房间里总有一股烟味。格拉特科夫瘦了，公爵胖了。瓦列尼科夫家的三叶草长得很好。不成器的伊万年科还是照样不成器，走道不是踩着玫瑰，就是踩着蘑菇或是踩着狗尾巴，等等。他会去伊万的学校当差吗？关于这方面的事情您了解什么？我非常怜悯他，如果有可能，而且不被误解，我要赠送他一点土地，给他盖一所房子。要知道他已经是个老人！

我也是个老人。我觉得生活想要嘲弄我一番，所以我急于把自己列入老人的名册。当我已错过了自己的青春年华，想过过人的生活而又办不到的时候，我就给自己解嘲说：我是个老人。这当然很愚蠢。请原谅，丽卡，但是真的，我没有什么可写的了。我需要的不是写信，而是坐在您身边和您聊天。

现在我去吃晚饭。

我们的苹果熟了。我一昼夜要睡十七个小时。丽卡，如果您爱上了什么人，而且已经把我忘记，那您起码也不应该嘲笑我。玛莎和米沙到巴勃基诺去看望谢廖夫去了，但他们很失望——这倒是新闻。没有什么可写的了。波塔宾科和谢尔盖因科来过我们这里。波塔宾科留下了良好印象。他唱得很好。

我亲爱的丽卡，祝您健康，别忘了我。如果您的心思用到别的什么地方去了，也不妨给我写几句。

译者注

勃鲁姆和梅里丽兹是契诃夫喂养的两条狗。

格拉特科夫和瓦列尼科夫都是契诃夫的邻居。

伊万年科是契诃夫家的朋友，一生潦倒。是《樱桃园》叶皮霍多夫一角的原型。

波塔宾科（一八五六—一九二八），剧作家。此人后来与米齐诺娃私奔巴黎同居，又将她抛弃，给她造成了很大伤害。

64

致苏沃林　1893年8月18日　梅里霍沃

正在下雨。在这样的天气里真想成为拜伦——我是这样想的，因为想一吐心中的郁闷，真想写几句很美的诗。

65

致亚·契诃夫　1893年10月21日　梅里霍沃

多么美妙的十月！在树林子里真是美妙无比。在书房里很难坐得住，像有只小母狗吸引着我往外走……

森林在成长。

我在花园里栽种了上百株郁金香、风信子、百合花、鸢尾花……

66

致高尔布诺夫-波沙杜夫　1893年11月8日　梅里霍沃

在莎士比亚的《皆大欢喜》第二幕第一场戏里，一位大臣对一位公爵说："有一只可怜的失群的牡鹿中了猎人的箭受伤，奔到那边在喘气。真的，殿下，这头不幸的畜生发出了那样的呻吟，真要把它的皮囊都胀破了，一颗颗又大又圆的泪珠怪可怜地、争先恐后地流到它无辜的鼻子上……"

祝一切都好！

译者注

高尔布诺夫-波沙杜夫（一八六四—一九三九）笃信托尔斯泰主义，是个充满悲悯情怀的作家。也许契诃夫刚读到《皆大欢喜》里的这段台词，便抄寄给他了。

67

致米齐诺娃　1893年11月16日　梅里霍沃

我们这里的醋栗熟了。

怎么样？您生活得好吗？已经习惯于嗅鼻烟了吗？常去卢弗尔吗？代我向卢弗尔的两枝丁香花问好，并对她们说，我逃不出她们投向我的那张网：我还是被迷住了。

译者注

卢弗尔是当时莫斯科的一家旅馆，“两枝丁香花”是指住在这个旅馆的女作家谢普金娜-库彼尔尼克（一八七四——一九五二）和女演员雅沃尔斯卡娅（一八七二——一九一二）。这两位女士对契诃夫都怀有好感。契诃夫对她们也很欣赏。契诃夫的同时代人都指出契诃夫是很得女人欢心的，作家蒲宁还在回忆录里分析了原因：“他（即契诃夫）非常理解女人的心，能细腻而强烈地感受女性美。”

68

致苏沃林　1893年12月18日　莫斯科

在明年一月号的《演员》杂志上，您可以找到一个害了妄想自大症的年轻人，这篇小说叫《黑衣修士》……城市让我厌倦。我将愉快地回归农村。

译者注

完成于一八九三年的中篇小说《黑衣修士》，是契诃夫在梅里霍沃创作的一部重要作品。

小说主人公柯甫棱在幻觉中能与黑衣修士对晤，自以为是个了不起的奇人；别人也把他视为天才，最后才“清醒地意识到他是个平庸的人”。在这部小说里，契诃夫还是在追究一个常常让他苦恼的问题：“为什么要把明明是个普通人的人看成是个高人一等的人？”

69

致苏沃林　1894年1月2日　梅里霍沃

您嘲笑我的说理与思辨，嘲笑将会积极评价我的工作的后代，我却要以德报怨：我高兴地拜读了您那篇关于宗教分裂的文章，而且要对您来一番夸奖。您这篇文章的成功是可以理解的。第一，它写得有激情；第二，它写得有自由派的味道；第三，它写得很聪明。您适合写自由派色彩的文章，而您一旦试图宣传某种保守主义思想，或者甚至应用一些保守主义言辞（如“拜倒在王座脚下”），就会让人联想到一口几千斤重的老钟，钟身上有裂纹，发出来的声音是虚假的。

我的《萨哈林旅行记》是部有学术性的著作，我将因这本书获得马卡利亚大主教奖。医学现在已经不能责怪我的背叛：我看重学术性和被老作家讥为学究气的特质。我很高兴，在我的小说的衣柜里，将挂上一件粗糙的囚衣。就让它挂着好了。当然，《萨哈林旅行记》不会在杂志上发表，这不是在杂志上刊登的东西，但我想它是一部有益的作品。至少您不必笑我。谁笑到最后，谁笑得最美。

别忘了，我很快就能读到您的新的笑剧。

谢尔盖因科在写一部有关苏格拉底的悲剧。这些执着的汉子总是揪着大人物不放，因为他们不会写小人物，他们好高骛远，是因为他们全然没有文学趣味。写苏格拉底，要比写小姐或写女仆容易。因此，我不认为写独幕剧是轻率之举。您也不要这样想，尽管您可以做出满不在乎的样子，认为这些都无关紧要。如果笑剧是无关紧要的，那么布列宁的五幕悲剧也无关紧要。

向您和安娜·伊万诺芙娜祝贺新年新喜，新年幸福，本来想给你们发一份贺电的，但不忍心把仆人赶到火车站去。您答应通过莫斯科的书店给我寄一本您的精装本小说。您还没有回答我两个问题：怎么处理《蒙特-克利斯托伯爵》一书？是否可以通过莫斯科的书店归还我向您借的彼谢姆斯基的小说？我家没有带玻璃的书柜，我担心您这些精美的书会被灰尘弄脏。

来访的客人们把我折磨苦了。当然，其中也有一个让人开心的客人——帕塔宾科，此人特爱唱歌。今天我要等待聂米洛维奇-丹钦科的到来，他是个戏剧家。一个女天文爱好者在餐厅里喝咖啡，放肆地大笑，伊万年科和她在一起，而嫂嫂在另外一间屋子里。等等，等等。

非常可惜，加依德布罗夫去世了。我很喜欢《星期周刊》，这周刊失去了他，就失去了主心骨。据说，他给作者开稿酬也很大方。我和他不太熟，只在他的周刊上发过一篇东西。

人们都上车站去了。我祝所有的人幸福，凡世的幸福和天堂的幸福。向安娜·伊万诺芙娜深深一鞠躬。本来想给她写一首诗作答的，但没有写出来。当个部长多无聊！我是这么想的。

您的安·契诃夫

译者注

与《新时报》主编苏沃林的通信，是契诃夫书信遗产中的一个重要部分。在相当长的时间里，苏沃林曾是契诃夫的知心朋友，所以契诃夫在给他的信中，比较能敞开自己的思想，无拘无束地说一些他对人与事的看法。苏沃林是个思想比较保守的人，契诃夫一直劝说他“自由化”，但没有成功，一八九八年两人的关系终于因为就法国“德雷福斯事件”的立场不同而冷淡了。

《萨哈林旅行记》是契诃夫一八九〇年去萨哈林岛做了三个月的考察之后写的一部带有学术性质的著作。萨哈林岛是沙俄时代囚犯的流放地，契诃夫在书中对流放犯人的悲惨生活有详尽的记述，所以他在这封信里说：“在我的小说的衣柜里，将挂上一件粗糙的囚衣。”

加依德布罗夫（一八四一——一八九三），《星期周刊》出版人。

70

致缅希科夫[1]　1894年1月15日　梅里霍沃

我欠您一笔债：没有及时给您回信，您在那封信里告诉我，我的《第六病室》已经译成英文。我要坦白承认，我是有意不予回复的。您希望得到我写的自传，而这对于我来说是把尖刀，我不能自己写自己。

译者注

《第六病室》是契诃夫受萨哈林岛之游影响最为直接的一部作品。萨哈林岛是人间地狱，把睿智、善良的人当作疯子关押起来的“第六病室”也是一座地狱。所以“必须让这个社会看清自己，为自己害怕”。契诃夫在小说中还通过一个人物表达了对于幸福的见解：“对于生活的自由而深入的思索，和对于人世间无谓纷扰的

1　米哈伊尔·缅希科夫（一八五九——一九一八），记者、政论家，《星期》《新时报》等报纸的撰稿人。

蔑视——这是两种幸福，人类最高的幸福。”

71

致谢普金娜-库彼尔尼克　1894年2月14日　梅里霍沃

亲爱的同行，塔吉扬娜·李沃芙娜，俄罗斯大地上伟大的女作家！

莉基雅·鲍利索芙娜人好，演技也精良，我准备在火堆上燃烧自己，以使她在这次庆祝演出之后更加光彩夺目，但我恳求您别让我参加这个献礼活动。像克拉索芙斯卡娅、库德丽娜、柯什娃这样的女演员，她们与我关系极好，还在我的戏里演过角色，也从未得到过我的献礼，如果她们看到在给莉基雅·鲍利索芙娜的献礼银杯上刻有我的名字，她们会难过的，而我不愿意有这样的后果。

我把我这个考虑递交给您做公正的裁决，我想您不至于会把我的名字从您的友人名册中删除。因为我相信您能理解。

您的安·契诃夫

译者注

作家谢普金娜-库彼尔尼克写信给契诃夫，邀请他参加为一位时髦女演员准备的“献礼活动”——在赠予她的银杯上刻上自己的名字和简短贺词。契诃夫回信婉拒了请托。

72

致苏沃林　1894年3月27日　雅尔塔

我的身上流着农民的血，所以农民的美德不会让我感到意外。我从小就相信进化，我不能不相信，因为鞭打我的那个时代与不再鞭打我的这个时代有天壤之别。我爱聪明的人，我爱礼貌，爱幽默，与此同时，我对待庄稼汉抠手上的老茧，他们的包脚布散发出的臭味，与对待太太们戴着卷发夹上街的态度是一样的。托尔斯泰的哲学曾经让我深深感动，它控制了我六七年的光景……但现在我的内心深处有什么东西在提出抗议，理性和公平正义告诉我：电气和蒸汽比贞节和素食能给人类带来更多的爱……很可能俄罗斯人又要被自然科学所吸引，唯物主义运动又将时兴起来。

译者注

契诃夫的祖父是农奴，所以他说“身上流着农民的血”。契诃夫是极其崇敬托尔斯泰的，把他视为俄罗斯文化至高无上的领袖人物，但这不妨碍契诃夫表达与所谓的“托尔斯泰主义”相左的观点。

73

致苏沃林　1894年5月9日　梅里霍沃

我没有什么新闻。天气好极了，在屋子附近的绿荫里有只夜莺在不停地啼叫……

我坐着自己的三套马车，深夜从一家精神病院回家，三分之二的路要穿行森林。在月光的照耀下，这种奇特的自我感觉很久没有体验到了，这感觉就如同刚刚与情人幽会回来。我想，与大自然的亲近和闲适乃是幸福的必要条件，舍此不可能有幸福。

74

致什格洛夫[1]　1894年7月5日　梅里霍沃

我们在割草，迷人的割草时节。新鲜的草堆有醉人的芳香，

1　什格洛夫（一八五六—一九一一），契诃夫熟识的作家。

只需在草垛上坐两个小时，你就有躺在裸体女人怀抱里的幻觉。

75

致苏沃林　1894年7月11日　梅里霍沃

再没有比世俗的生存斗争更乏味和缺少诗意的了，它剥夺了生活的快乐，而让灰暗的俗气弥漫开来。

76

致拉甫洛夫　1894年11月21日　梅里霍沃

亲爱的武科尔，我把沙彼格先生给我的一封信转给您，因为这只勤奋的蜜蜂想用一种较为简单的方法采蜜——不触动一下花朵，直接从别人的蜂箱中掏取蜂蜜。于是，我对这只蜜蜂说：只有获得了蜂箱主人的许可之后，我才能答应他的要求。

祝健康安好！

您的安·契诃夫

沙彼格的信请保存好或寄回。

译者注

一八九四年九月间，沙彼格致信契诃夫，希望能把他登在《俄罗斯思想》上的一篇小说转载到他主编的《演员》杂志上。契诃夫显然对此没有异议，但认为需要事先征得《俄罗斯思想》方面的同意，于是给拉甫洛夫写了这封信。

按：武科尔·拉甫洛夫是《俄罗斯思想》出版人。

77

致苏沃林　1894年11月27日　梅里霍沃

我被任命为一所农村小学的督学，这个村子叫塔连什。学校的一位教师月薪二十三卢布，家有妻子和四个孩子，尽管他才三十岁，但头发已经花白。家庭负担那样折磨着他，不管您和他谈什么问题，他都要把话题转移到教师的薪金问题上。他认为，诗人也好，散文家也好，都应该写文章呼吁给教师涨工资；他认为假如沙皇调换新的政府部长，教师的工资就有希望上调，诸如此类，不一而足。

译者注

研究者们认为，契诃夫在这封信里说到的这个农村小学教师，就是他一年之后创作的《海鸥》中那个名叫麦德维坚柯的小学教师的原型。《海鸥》一开场就听到麦德维坚柯向玛莎抱怨自己的穷困："我的薪水总共只有二十三卢布，可是我得养活我的老母、两个姐妹和一个弟弟，总得有吃有喝！总得有茶有糖！还得有口烟抽！"第一幕快结束时，他又向作家特里果林提出建议说："要是有人写个剧本，反映反映我们小学教师的生活，再搬到舞台上去演一演，那就好了。我们教师的生活太清苦，太清苦！"

契诃夫深切同情乡村教师的困境。高尔基的回忆录里记录了契诃夫对他说的一句话："如果我有很多钱，我就在这里为生病的乡村教师建造一座疗养院。您知道吗，我会建造一所很敞亮的房子，窗子很大，天花板很高……"

78

致苏沃林　1894年12月12日　梅里霍沃

您在最近一封信里问我："现在俄国人需要什么？"我的回答是："希望。他们首先需要希望、热情。"……

时间过得真快！我的上帝！我的大学同学有的已经当上五等文官了。只有我最不会当官，甚至连十四等文官也没当上。

79

致苏沃林　1895年1月19日　莫斯科

我到列维坦的工作室去了一次。他是最好的俄国风景画家，但已经没有青春。他已经不是带着青春活力在作画。我想，是女人们把他损坏了。这些可爱的精灵给了男人爱，而从男人身上夺走的并不多：就是青春。

译者注

在一八九五年一月二十一日给苏沃林的信中，契诃夫又提起这个话题："女人们夺去了青春，但不是从我身上。"因为"我很少有风流韵事"。苏沃林在笔记本上还记下了契诃夫的一句话："友谊比爱情好。"

80

致苏沃林　1895年3月23日　梅里霍沃

如果您愿意，我可以结婚。但我有个条件：一切都应该照旧，也就是她应该住在莫斯科，而我住在农村，我将去看望她。日复一日的幸福，朝夕相守的幸福——我忍受不了。如果有人每天对我用同样的腔调说同样的事情，我会发疯的……我答应当一个好丈夫，但求您给我一个这样的妻子，她像一个月亮，不会每天都出现在我的天空……

81

致列依金　1895年4月7日　梅里霍沃

我们这里还是冬天。田野上的雪有一丈深，树林里有两丈深。早晨八度……中午暖和一些，但毕竟还不是春天。椋鸟飞来了，又飞走了……

我们这里最快活的时间是六月初和九月。您就六月份来做客吧！昨天看到了大雁。这些可怜的鸟儿在飞，尽管天这么冷。

82

致亚·契诃夫　1895年8月11日　梅里霍沃

我希望你满足下面的一个请求。两天前的一个早晨，我正在雅斯纳亚·波利亚纳，列夫·托尔斯泰面前出现了一个背着背包的人。他是来请求施舍的。他两眼昏花，视力极差，摸索着走路，已经丧失劳动能力。列夫·托尔斯泰让我呼吁一下：能否把这个流浪汉安置到某个盲人收容所去。因为你是盲人慈善事业的专家，因此请你一定给这个流浪汉一些指导，告诉他应该向哪儿提出申请，申请书上该有些什么内容。

译者注

契诃夫于一八九五年八月八日来到雅斯纳亚·波利亚纳庄园拜会托尔斯泰，这是他们两人第一次相会。第二天早晨，庄园里出现了一个盲人流浪汉，托尔斯泰便请契诃夫想点什么办法帮助他。契诃夫的大哥亚历山大曾主编《盲人》刊物，契诃夫便给他写了这封信。

83

致苏沃林　1895年10月21日　梅里霍沃

谢谢您的来信，谢谢您热情的话语与邀请，但我到您那儿大概不会早于十一月底，因为我现在事儿特别多：第一，明年开春我要在乡间建造一所新的学校[1]，我当该校的督学。为办此事先要

1　契诃夫表示要出资为农村的孩子建第二所学校。契诃夫一生共捐资兴建了三所学校。

做好规划，做好预算，还要四处奔波办事。第二，您可以想象，我在写部剧本，写完大概也不会早于十一月底。我写得不无兴味，尽管毫不顾及舞台规则。是部喜剧，有三个女角，六个男角，四幕剧，有风景（湖上景色）。剧中有许多关于文学的谈话，动作很少，五普特[1]爱情。

在报上读到了奥泽洛娃演出失败的报道，我也很同情她，因为演出失败对于演员来说是极痛苦的。我可以想象得到，当她从《彼得堡日报》上读到批评她表演很糟的文章时，一定会浑身发抖，痛哭流涕。我也读到了《黑暗的势力》在你们剧院演出成功的消息，多亏扮演女主角阿纽塔的是道玛什娃，而不是您钟爱的被您称作“小东西”的那一位。这个小东西只配演玛特琳娜。我八月份去拜访托尔斯泰的时候，他洗完手擦干之后对我说，他不会再修改剧本了。现在想起当时的情景，我觉得他那时就知道这个剧本能顺利搬上舞台。我在他家待了一天半，印象极其好。我感到很轻松，就像在自己家里一样。我和列夫·尼古拉耶维奇的交谈进行得也很轻松。等到咱们见面的时候再详谈。

《俄罗斯思想》十一月号上将要登载《凶杀》，十二月号上则将刊登我另一部短篇小说《阿莉阿德娜》。我现在忙得简直是火烧眉毛——莫斯科有家《外科学年鉴》的刊物，这刊物办得很好，甚至在国外也有声誉。主编这份杂志的是著名的外科专

1 普特：沙皇时期俄国的一种重量单位，1普特约等于16.38千克。契诃夫在这里说“五普特”，是在调侃剧中那五对男女不成功的爱情。

家斯克里法索夫斯基和德雅科诺夫。杂志的订户每年都在增长，但到年终算还有亏空。在一八九六年一月之前，这亏空都是由斯克里法索夫斯基出资填补的，但现在他要移居彼得堡，将失去原先的临床工作，就不会再有多余的钱。现在无论是他还是其他什么人都不知道一八九六年的债务将由谁来支付，而参照去年的情形，这债务估计有一千到一千五百卢布。我一听到这杂志将要寿终正寝就光火了，让一份极有价值，而且再过三四年就会盈利的杂志就此夭折是件多么荒谬的事。区区一千卢布就要葬送一个杂志——这样的荒谬刺痛了我，在情绪冲动的状况下，我答应去找一个能够接受这个刊物的出版人，我相信我肯定能找得到。于是我努力去寻找合作伙伴，低三下四地恳求人家，请人家吃饭，但一无所获，只剩下索尔达捷科夫了，但他在国外，回家不会早于十二月，而这件事务必要在十一月之前得到解决。真遗憾，您的印刷厂不在莫斯科！否则我就不会去充当那样一个不成功的求情人的可笑角色。到我们见面的时候，我会向您描述我的这一段痛苦经历。如果我不是因为建造学校花去了一千五百卢布，自己就出资来办这份杂志好了——我是多么不能容忍这件明显的荒唐事发生。十月二十二日，我要去莫斯科，向这个杂志的编者们提出建议，作为最后一个手段，向有关当局申请一笔一千五百—二千卢布的出版补贴。如果他们同意，我就去彼得堡争取。这该怎么做？您能教教我吗？为了拯救这个刊物，我愿意去拜见任何一个人，愿意主动去任何人的家门口等待接见。如果我能把事情办成，我会怀着满意的心情，轻轻松松地喘口气，因为拯救一份优秀的外科学刊物，其好处等于做两万个成功的外科手术[1]。我该怎么做，您务必给我出点主意。星期天以后把我的信寄到莫斯科去。我下榻莫斯科大饭店，五号房间。

帕塔宾科的戏怎么样？帕塔宾科的整个情况怎么样？什格洛夫给我写了一封很忧伤的信，那位女天文爱好者还在受穷。其他一切都好。到了莫斯科我要去看轻歌剧，白天写戏，晚上看轻歌剧。

向您致敬，请来信，求您了。

您的安·契诃夫

84

致苏沃林　1895年10月26日　莫斯科

托尔斯泰的几个女儿非常可爱。她们崇拜自己的父亲，狂热地相信他。而这说明，托尔斯泰真正拥有伟大的道德力量。因为，如果他不是真诚的，无可挑剔的，那么首先他的女儿们会对他持怀疑态度，因为女儿就像一些不被诱饵迷惑的麻雀一样……你可以随意欺骗未婚妻和情人，在坠入情网的女人眼里，甚至蠢驴都

1 《外科学年鉴》主编之一德雅科诺夫后来写信给契诃夫说："您是唯一一位深刻而准确地理解了这份刊物意义的人，如果没有您的努力，它就不会生存下来……您给我的几封来信抖擞了我的精神，在一段时间里让我成了另外一个人。"

可能成为哲学家，但女儿——就是另一回事了。

译者注

在托尔斯泰的女儿们，尤其是塔吉亚娜·托尔斯泰娅眼里，契诃夫也是个极其可爱的人。塔吉亚娜在一八九六年四月十九日的日记里写道："爸爸今天读了契诃夫的新作《带阁楼的房子》，我有点难受，我在其中感受到了现实。小说有个女主人公，是个十七岁的女孩。契诃夫——这是一个我可以疯狂地去依恋他的人。还没有另外一个男人初次见面就深入到了我的灵魂里去。"当然，可能首先是契诃夫的才华征服了她，因为在见契诃夫前，她已经读过他的作品。一八九九年三月三十日，塔吉亚娜写信给契诃夫："男作家如此了解女人的心灵，常常使我惊讶……而在您的《宝贝儿》中我如此认识了自己，甚至让我感到害羞。"

85

致阿维洛娃[1] 1896年1月17日 梅里霍沃

尊敬的莉基雅·阿历克谢耶芙娜：

非常抱歉，我突然间离开了彼得堡。我从纳杰日达·阿历克

1 阿维洛娃（一八六五—一九四三），俄国女作家，一八八九年与契诃夫相识。一生单恋契诃夫。

谢耶芙娜[1]处得知，您出了一本书，原本想去拜访您，以便亲自从您手里接过您的初生儿，但命运做了另外的安排：我又回到了大自然的怀抱里。

我是在离开彼得堡的那一天得到了您的书。还没有来得及读，所以只能就它的外观说说看法：印刷和装帧都很精美，外观喜人。

二十日至二十五日期间，我大概还要到彼得堡去，那时我会去看您，现在请允许我向您祝福一切安好。您为什么说我是“骄傲的”师傅[2]？只有雄火鸡才骄傲。

骄傲的师傅冷若冰霜。零下二十度。

您的安·契诃夫

今天是我的生日，但我们很孤独。

86

致米·契诃夫　1896年1月18日　彼得堡

演员演得很糟，剧本完全演砸了。剧场里充溢着误解与羞辱。

1　纳杰日达·阿历克谢耶芙娜是阿维洛娃的姐姐。

2　阿维洛娃在给契诃夫的赠书扉页上题词：“徒弟阿维洛娃赠骄傲的师傅。”

由此得出结论：不应该再写戏了。

译者注

一八九六年一月十七日，契诃夫的《海鸥》在彼得堡皇家剧院首演，惨遭失败，契诃夫没看完戏就离开了剧院。第二天契诃夫写了三封短信，讲述演出失败的事。这是写给小弟米哈依尔的信。另一封是写给苏沃林的，关照他暂时别发表《海鸥》的剧本，也赌气地说："我以后再也不写剧本了。"还有一封信是写给妹妹玛莎的。契诃夫也许怕妹妹过分为他的情绪担忧，所以这封信的语气较为平和："昨天发生的事没有让我特别伤心，因为我看过他们的排练，对此有了思想准备，我的情绪并不十分糟糕。"

一个月后契诃夫又在信中提及这件伤心事："即使再活七百年，我也不会再写一个剧本。"

87

致符·柯罗连科　1896年2月19日　梅里霍沃

亲爱的符拉基米尔·加拉克季奥诺维奇：

您瞧——我已经到了家里，当您给我写最近的那封信时，我已经远离彼得堡。洛乌斯宾斯基家组织的慈善晚会，我恐怕参加不了，因为现在还不能从家里脱身，而且我历来不在晚会上开口说话，只需说上三五分钟，我的嘴里就发干，嗓子就变哑，就开始不停地咳嗽。

我没有参加《俄罗斯思想》杂志的周年纪念。途经莫斯科时，去拜会了列夫·托尔斯泰，非常满意地在他身边待了两小时。

《俄罗斯财富》收到了。多谢您。

紧握您的手。

您的安·契诃夫

译者注

柯罗连科，俄罗斯著名作家。一则关于契诃夫的流传很广的逸事，就出自他的回忆录：

“您知道我是怎么写我的短篇小说的吗？……您瞧。”

他（契诃夫）瞅了一眼桌子，顺手拿了一样他第一眼看到的东西，原来是个烟灰缸。他把它放到我的面前，说：

“只要我愿意，明天就有一篇短篇小说……标题是‘烟灰缸’。”

契诃夫写这封信主要是为了婉拒柯罗连科关于参加一个晚会的邀请，但也顺便提及二月十四日他与托尔斯泰在莫斯科的会面。这次会面回来，契诃夫对人说起托尔斯泰：“这是一个多么有趣的人，如果要试着研究他，可以像落进一口无底的深井似的跌进他的世界……多么强大的精神力量！当你和他谈话时，就感到自己完全被他控制住……我没有见过比他更有魅力、更为和谐的人……这是一个近乎完美的人。”

88

致米齐诺娃　1896年6月14日　梅里霍沃

您没有来，让我很忧伤。本来我准备十五日去会见维克多尔·阿历克山德罗维奇，但正在下雨，十五日我还会待在家里，十六日坐早班车去莫斯科。我将下榻莫斯科大饭店，但我不知道将在那里逗留多久。这全要取决于给我看眼病的医生。我要故意气气那些曾经爱过我的女士，我准备变成瞎了一只眼睛的独眼龙。眼科医生可能会给规定严格的饮食，但这不会妨碍我一天吃两顿午餐，而且还要喝点葡萄酒。

您的仆人安·契诃夫

译者注

维克多尔·阿历克山德罗维奇，即戈列采夫（一八五〇—一九〇六），记者，《俄罗斯思想》杂志的编辑，与契诃夫和米齐诺娃都有交往。

89

致聂米洛维奇　1896年11月20日　梅里霍沃

是的，我的《海鸥》在彼得堡的首演遭到了惨败。剧场里弥漫着敌意，空气被憎恨挤压得使人喘不过气来，于是我——按照物理学的原理，像一颗炸弹似的飞出了彼得堡。都是你和苏姆巴托夫[1]的错，因为是你们鼓动我写了这部戏。

你对彼得堡的不满，我能理解，但它毕竟还有很多好的地方；比如阳光灿烂的日子里的涅瓦大街，以及柯米萨尔日芙斯卡娅。我认为她是个非常杰出的女演员。

译者注

《海鸥》首演失败了，但契诃夫认为妮娜的扮演者柯米萨尔日芙斯卡娅很出色。两人后来一直保持着友谊。聂米洛维奇–丹钦科（一八五八—一九四三）是契诃夫戏剧的最早支持者，两年之后，也正是他让《海鸥》重获新生。

1　莫斯科小剧院的领导人。

90

致沙芙洛娃[1]　1896年12月2日　梅里霍沃

尊敬的同行！您说较之爱情您更追求荣誉；而我恰好相反，我期望爱情甚于期望荣誉。不过，这是各有所好。有人喜欢神父，有人喜欢神父的仆人。

我把您那篇写圣诞节的短篇小说寄还给您。我以为，既然是圣诞题材，便不妨把它写得更活泼一些，可是小说中医生和卡嘉总是在圣诞枞树旁边发呆。您是想写部长篇小说，其中“将出现一个爱情，这个爱情采集自一切方向，呈现为一切形态”，那是否可以把爱情的某一种形态移赠给这个医生和卡嘉，否则他们的爱情既没有方向也没有形态。

您什么时候开始写长篇小说？我很期待。

我带着自己的怀表去找表匠请他修理。表匠瞅了表一眼，用手把它转动了一下，微笑着用甜美的声音对我说：“您，先生，忘了上表了……”

我上了表——表又重新开始走了。有的时候，我们从小处着眼，寻找自己不幸的原因，而忘了根本。

祝您一切都好。

您的忠实的老师：安·契诃夫

1　叶琳娜·沙芙洛娃（一八七四—一九三七），女作家，也是契诃夫的一位崇拜者。契诃夫给她写过六十九封信。

91

致沙芙洛娃　1897年3月2日　梅里霍沃

尊敬的同行！本阴谋家将于三月四日中午坐十四号列车到莫斯科——很有可能就是这样。如果您还没有离开莫斯科，就给我发个电报，电文就一句话："在家。"

洛帕斯尼亚，契诃夫收，
在家。

如果您同意那天中午一点与我在斯拉夫商场饭店一起吃饭，那么电文用“同意”取代“在家”。

电报局的人可能会想，我这是在向您求爱吧，但我们才不管别人有什么想法呢！！

我就在莫斯科停留一天，很匆忙，不想住旅馆，就在餐厅留宿。斋期的第三个星期，我能在莫斯科待上四天，那时我将拜访您。

祝您一切如意。

阴谋家

译者注

契诃夫自称“阴谋家”，因为他要请沙芙洛娃吃饭，让她用暗号一般的电文来搞定饭局。在契诃夫弟弟的回忆录中也说到契诃夫常常从梅里霍沃坐火车去莫斯科请沙芙洛娃吃饭。

按：洛帕斯尼亚是梅里霍沃所在的小镇，从那里坐两个小时火车能到达莫斯科。现在这个从前的小镇被命名为契诃夫市。

92

致阿维洛娃　1897年3月18日　梅里霍沃

爱生气的莉基雅·阿历克谢耶芙娜，我非常想见到您，甚至不顾您正在生我的气，"不管怎么样"也要祝我一切如意。三月二十六日之前我会到莫斯科，很可能是星期一晚上十时到达，下榻伊维尔斯基广场对面的莫斯科大旅社。也许会早一些到，如果工作允许的话——唉！我的工作很忙。在莫斯科我能停留到三月二十八日，然后去彼得堡。

好，再会了。请您用怜悯取代愤怒，答应与我一起吃午饭或晚饭，那就好了。现在我再也不骗您了，只有疾病才会将我困在家里。

握您的手，向您深深一鞠躬。

您的安·契诃夫

您来信的最后一句——"我，当然，明白了。"您明白了什么？

93

致阿维洛娃　1897年3月22日　莫斯科

莫斯科大旅社五号。星期六。

我提前到了莫斯科。我们何时见面？天气多雾，潮湿，我身体有点不适，我尽量不动窝！您能在我看望您之前来我这里坐坐吗？

祝您一切都好。

您的安·契诃夫

94

致阿维洛娃　1897年3月24日　莫斯科

星期六夜里我开始咯血。早晨坐车到莫斯科，六时与苏沃林在艾尔米塔什吃午饭。刚坐上餐桌，我就大口吐血。苏沃林随即把我送到“斯拉夫商场旅馆”，看了医生，我躺了一整天——现在又到了家里，也就是在莫斯科大旅社。

您的安·契诃夫

95

致阿维洛娃　1897年3月28日　莫斯科

您的花不会凋零，而是会越发鲜美。医院的同事允许我把这些花放在桌子上。您真善良，很善良，我都不知道该怎么感谢您。

在复活节前不会准许我出院的，这意味着我不会很快去彼得堡。我好一点了，咯的血也见少，但还要卧床，如果要写信，也躺着写。

祝您健康。紧握您的手。

您的安·契诃夫

译者注

在一八九七年三月的后半个月，契诃夫一共给阿维洛娃写了四封信。

第一封信（三月十八日）是封"道歉信"。契诃夫原本答应某天要到莫斯科来的，结果没有来，阿维洛娃生气了，所以契诃夫开头就称她是"爱生气的莉基雅"。这回契诃夫说了到莫斯科的日期，而且担保"现在再也不骗您了"。

第二封信（三月二十二日）是契诃夫到达莫斯科后立即发出的，表示愿意立即见到阿维洛娃。

第三封信（三月二十四日）是向阿维洛娃报告大口吐血的病况。三月二十五日契诃夫住院后肯定也在第一时间告知了阿维洛娃。阿维洛娃于三月二十六日去看望契诃夫，并送去了一束鲜花。

在第四封信（三月二十八日）里，契诃夫从阿维洛娃送的鲜花说起，表达对她的谢意。

从一八九七年三月二十五日至四月十日契诃夫住院期间，有不少知名人士去看望契诃夫，最重要的，当然是三月二十八日托尔斯泰与契诃夫在病房中的相会。而促成托翁探视契诃夫的，也正是阿维洛娃。她从医院探望契诃夫回家，路上巧遇托尔斯泰，在回忆录中有这样一段描述：

我和他说起了安东·巴甫洛维奇。

“这是怎么回事，”托尔斯泰回答，“我知道他病了，但我以为可能不准任何人去看他。那么明天我就会看他。”

“列夫·尼古拉耶维奇，您去看看他吧。他会高兴的，我知道，他非常喜欢您。”

“我也喜欢他，但我不懂，他为什么要写剧本。”

96

致缅希科夫　1897年4月16日　梅里霍沃

有祸必有福。我住院期间列夫·托尔斯泰来看过我，我们有过一次非常有趣的谈话，这次谈话对于我来说特别有趣，因为我听得多说得少。我们谈论了永生。他相信康德意义上的永生；他认为，所有的我们（人和动物）都将生存于本源（理性、爱情）中，这种本源的本质和目的对于我们还是个谜。而在我看来，这个本源或力量好像是一团没有形状的胶体。我的我，即我这个个体，还有我的意识——它们都将用这一团没有形状的胶体融合，这种永生我并不需要，也无法理解它。而列夫·托尔斯泰对我的不理解感到惊讶。

译者注

契诃夫在致缅希科夫的这封信里，介绍了托尔斯泰三月二十八日在病床前与自己交谈的一个重要内容——关于永生。契诃夫对生死有比较达观的认识，请看他的小说《三年》里两个人物（拉普芦夫和亚尔采夫）对于生死的讨论：

他们谈起天来，谈到死亡，谈到灵魂的不朽，谈到死后怎样升天，飞到火星上去，永远闲散而幸福，尤其是可以用一种新的特别方式来思考，跟地球上的思维方式不一样，那真是妙得很。

“谁也不想死，”亚尔采夫轻声说，“没有一种哲学可以使我情愿死掉，我把死亡纯粹看作毁灭。谁都想要活着。”

契诃夫大概是倾向于亚尔采夫表达的这种生死观的。但在蒲宁的回忆录里，记录了契诃夫对于“永生”的两种互相矛盾的说法。据蒲宁回忆，契诃夫常说：“永生是一种谎言。”但他又多次说：“永生是事实。”

97

致艾尔捷里　1897年4月17日　梅里霍沃

没有新闻，文坛寂静。因为无事可做，人们在编辑部里喝茶，喝闷酒。托尔斯泰在写一本关于艺术的小册子。他曾到医院来看过我，说他把自己的小说《复活》放下了，因为不喜欢它。他现在专心写关于艺术的书，为此他读了六十本书。他的想法并不新鲜，许多世纪以来，所有聪明的老人都以不同方式重复过这类想法。老人们总是倾向于看到世界的末日，并且说，道德堕落到了极低点，艺术变得渺小了，退化了，人也变得孱弱了，等等。列夫·托尔斯泰想在自己的书中让人相信，艺术现在已经到了它的最后阶段，进入了一条死胡同，没有出路。

译者注

在三月二十八日的病房交谈中，托尔斯泰与契诃夫谈了永生的问题，还谈了关于艺术的问题。契诃夫显然不太赞同托尔斯泰对于现代文学和艺术的悲观看法。在如何对待比如象征主义这样的现代文艺流派问题上，契诃夫持宽容的态度，对象征主义的代表人物、比利时剧作家梅特林克（一八六二——一九四九）有很肯定的评价，而且也把象征主义艺术的精华吸纳到了自己的创作中。以至于高尔基看过契诃夫的《海鸥》和《万尼亚舅舅》之后，写信给契诃夫，说他“把现实主义提升到了激动人心与深思熟虑的象征”。

按：亚历山大·艾尔捷里（一八五五—一九〇八）是位作家。

98

致苏沃林　1897年5月2日　梅里霍沃

我去彼得堡不会早于五六月份，因为我的生活还没走上正轨，还有一些急事需要我的参与。我在电报里说我会娶一个富有的寡妇为妻。唉，这不过是甜蜜的幻想罢了！现在没有一个傻瓜肯嫁给我，因为我住过医院，这大大地败坏了我的名声。

您想去哪里？想在哪里过夏天？想去费奥多西亚[1]吗？我完全不知道自己该怎么办，究竟什么对我的健康有益：是宪法还是配上洋姜的鲟鱼肉。我想在家待到八月——只要天气干燥，只要还能忍受；然后去南方，到冬天就出国，或是去索契（在高加索），听说那里的冬天温暖，没有霍乱。

我自我感觉良好，体重没有减轻，对未来充满希望。天气好极了，钱几乎没有。

给我写信或者发电报吧，随便写点儿什么。我寂寞得耳鸣。向安娜·伊万诺夫娜、娜斯嘉和鲍里亚致以深深的问候。愿上天保佑你们。

1　克里米亚半岛东南岸疗养地，临黑海。

前几天我见到了小说家柯罗连科：他神经衰弱得厉害。谢格洛夫也到我这儿来了。他谈到自己的妻子，谈到喜剧，也谈到自己那一片爱国心。他的剧本在《俄罗斯导报》上发表了。剧本是关于俄国文学家的生活的，充斥着愤恨和虚假，给人留下这种印象：剧本不是幽默作家谢格洛夫写的，而是一只被文学家踩了尾巴的猫写的。

我收到了很多信，关于我的健康，关于《农民》。

您的安·契诃夫

您五月会来莫斯科吗？

99

致柯米萨尔日芙斯卡娅　1897年5月20日　梅里霍沃

维拉·费多洛芙娜，谢谢您还记得我，还给我写来了信。前不久，我们共同的朋友格列波娃来做客，对我说起您病得不轻，准备出国去做水疗，而现在您却在向阿斯特拉罕漂流，说明您很健康，至少身体无大碍，甚至能工作，我从自己的小屋里向您鼓掌祝贺。我很高兴您现在一切都好，但并不羡慕您沿伏尔加河旅游。伏尔加河上常常刮风，还有汽油味，风景也单调，轮船上的游客也没有什么情趣——都戴顶便帽，背心上挂个表链，没有交谈的对象，没有令人感兴趣的聚会。在海轮上的情形则要好得多。

我是要去彼得堡的，想在那里办好多事情，也能和您见面，但一到莫斯科就病倒了，在医院住了十五天。我的肺出了点问题。现在感觉还好，病菌静静地待着，但到了秋天，估计要到什么地方去躲躲。医生不让我工作，我现在就像一个剧场里的官僚：什么也不干，谁也不需要，但也得努力保持着公务在身的样子。

译者注

维·柯米萨尔日芙斯卡娅（一八六四——一九一〇），著名演员，在一八九六年十月十七日彼得堡皇家剧院首演的《海鸥》中主演妮娜。演出虽然惨遭失败，但契诃夫对柯米萨尔日芙斯卡娅的表演非常肯定，多次赞扬。二人此后一直保持着友谊。

100

致米齐诺娃　1897年9月18日　皮阿利茨

亲爱的丽卡，昨天接到您的信，我当然很高兴。您问我在这里是否感到温暖，是否开心。暂时我的感觉还好。我整天坐在太阳底下想您，想您为什么总爱说起弯肋的人，我现在想明白了，很有可能您自己的肋部就有点毛病，您想让我明白这一点。

这里很暖和，甚至有点热，但这不会持续很久，一两天之后我就会感到自己如同在梅里霍沃的家里，也就是说感觉不到自己要到外边去游玩。我全身心地向往着巴黎，但那边很快就是潮湿的秋季，我恐怕在那儿待不住，因此，只好去尼斯，或是尼斯附近的博列奥。要是有钱，我就从尼斯途经巴赛去阿尔及尔和埃及，我还没有去过那儿。您什么时候去巴黎？不管您什么时候去，您得给个信儿，我好去车站接您。我会很热情地接待您，我会尽可能地不注意您的弯肋，为了让您得到真正的满足，我会仅仅和您谈有关奶酪的话题。

为了练习法语，我雇了个十九岁的法国姑娘当家教，她名叫玛尔加。请您原谅这一点。

您说得对，您的信给这里带来了不少欢乐，所以请您给我多多来信。如果您愿意，邮资全包在我身上。请您相信，我不仅仅是欣赏女人的自尊，也欣赏女人的善良。到现在为止，据我所知，您很善良：您给我的朋友写了不少充满柔情的长信；请您把您这种善良也施舍给我吧。读了您的信之后，我的朋友们一般都能产生强烈的愿望去写奶酪，去写孩子在锌质凉盆里洗澡，我不知道这该如何解释！至于我本人，那么您最近的这封信给我起了净化的作用：我觉得自己更纯洁了。

来信吧。有什么新闻？沙什契卡如何？蓄络腮胡子、有个爱笑的妻子的沃洛嘉如何？您还常去那位好与青年画家周旋的女友家吗？真是奇怪，常去瞭望台下盘桓会有什么结果！显然，靠近消防队会烧热血液，甚至一头白发也逃避不了浪漫的冲动。丽卡，小心消防队的瞭望台！奥·普·库达索娃可以给您讲讲这方面的问题，她从弗洛林斯基医生那儿听到了一些什么。

好了，请允许我等待着您长长的、长长的来信。问候玛莎和维克多尔·阿历克山德洛维奇。

握住您的手，我还是您忠诚的崇拜者。

安·契诃夫

译者注

沙什契卡即尤仁（一八五七—一九二七），沃洛嘉即聂米洛维奇–丹钦科，都是当时莫斯科出名的戏剧家。

101

致苏沃林　1897年9月21日　比阿利茨

刮着风，下着雨。看来，这样的天气不会持续很久，不管怎么样，明天星期一，我会绕过巴黎直接到尼斯去。我早先说过准备整个十月都在巴黎度过，但我是个多变的人，准备放弃去巴黎旅游的念想，一直到十二月，那将是冬季旅游的好时光。因此，请把给我的信寄到尼斯去。

我的健康马马虎虎。感觉有点枯燥——因为无所事事。钞票在口袋里像雪糕一样地融化。接不到来信：没有人给我写信。

向安娜·伊万诺芙娜、娜斯嘉和鲍里斯鞠躬问好，祝他们好运。也祝福您。只是请您在祈祷时，别忘记了我。

关于《伊万诺夫》的电报已收到，您的关照让我感动。我等待您的来信。祝您身体健康！！

您的契诃夫

译者注

"关于《伊万诺夫》的电报"是指苏沃林给契诃夫发电报，告诉他《伊万诺夫》将于一八九七年九月十七日在彼得堡亚历山大剧院恢复演出。苏沃林为此还在他主持的《新时报》上发了祝贺演出成功的报道。

102

致伊万·契诃夫　1897年10月2日　尼斯

昨天我看到一所小学旁边，孩子们在玩球，在赛跑，一个老师和一个神父也跟着玩，以前在家乡塔甘罗格也有过这样的赛跑游戏。那位神父疯跑着，毫不顾及外人的围观。

为了学学这里的礼貌和谦恭，也值得到国外来生活一段时间。这里的旅社女工脸上永远堆着微笑，像舞台上的公爵夫人一样笑容可掬，但同时从她的面孔上可以看出她的工作很累，走进火车车厢，需要鞠躬；在与警察说话之前或是走出商店之前，一定先得说声“bonjour”（法文：你好）；即使是跟乞丐说话，也得称呼“monsieur（法文：先生）”或“madame（法文：太太）”。

译者注

契诃夫第一次欧洲之行是去意大利，他曾对罗马的教堂、威尼斯的夜景大加赞美。第二次欧洲之行去法国，在尼斯停留最久。这一次给他留下最深印象的，则是法国人的礼貌周到和尼斯的气候与海景。他在一八九七年十月一日给苏沃林写的信中说道：“这里很暖和，甚至到了晚上也没有秋凉。大海很亲切，很感人。”“在尼斯，我再说一遍，很暖和。坐在海滩上晒太阳和看海，这是一大享受。”

按：伊万·契诃夫（一八六一——一九二二）是契诃夫的大弟弟。

103

致玛·契诃娃　1897年10月31日　尼斯

亲爱的玛莎，我不记得了，关于欠契列文三十卢布木材钱的事我交代过没有。如果欠人家钱，就得还人家。谢谢你把厢房收拾得很漂亮。小钱包我或是寄来或是托人捎来。告诉乔娜依达·瓦西里耶芙娜，我谢谢她的问候。她希望我给她带点礼物，我很愿意，但请她告诉我要什么礼物。

这里一切都好。没有什么新闻，一切都照旧。

转告爸爸，我读完《塔甘罗格新闻》之后会送给这里的一位医生，他也是塔甘罗格人。从爸爸的信中得知，玛莎·崔普拉科娃生了个女儿，请代我向玛莎祝贺并告诉她，如果她想把女儿带到自己身边，住到我们家里，在我这方面没有障碍。

请注意，冬天的时候妈妈双腿的静脉可能会再次发炎。一旦她说腿痛，马上让她卧床休息，别让她走动，然后去请格尔什里曼医生或维特医生来诊治。这种病如果处理不当会很严重的……

这里的戏剧演出季开始了。世界各地的观众云集此地，甚至还有从夏威夷来的，俄国人很多。这里一切都好，但法兰西并非在所有方面都领先于俄罗斯，火柴、糖、烟、皮靴和药房，俄罗斯要好得多。这里的糖不甜，而水果糖也远不如我们的。

祝你健康。请接受我衷心的敬意。

安东

信封上的邮票给德罗卡娃。以后也这样。已经是十一月二日，但信还未发出。锦葵怎么样？给它们做好越冬的准备了吗？

译者注

一八九七年秋冬与一八九八年春天，契诃夫在法国游览胜地尼斯休养。刚生女儿的玛莎·崔普拉科娃，是契诃夫家的女仆。信的开头是关心欠人家的钱还了没有，信的结尾是关心是否给他亲自栽种的锦葵做好了越冬准备。

104

致阿维洛娃　1897年11月3日　尼斯

戈列采夫说得对，您有很出众的才华，如果您迄今没有这个自信，是要怪您自己。您太懒，写得太少。我也是个懒人，但与您相比，我已经写出了一座高山！除了《遗忘的书信》外，您的所有小说中都在字里行间出现欠缺经验、无自信和懒惰的缺陷。您到现在还没有上轨道，还像个初学者，像个在瓷瓶上描红的小姐。您能感知风景，您会写景，但您不会掌握分寸，有时整篇短篇小说都被淹没在大片风景描写的垃圾中，这种风景描写能从小说的开头一直延伸到小说一半的篇幅。还有，您不注意修饰句子，炼句——这是艺术。要剔除多余的零碎，要将诸如“在什么的时候”“得益于什么什么”之类的字眼从句子里扫清，要关注句子的音乐性……

105

致霍特扬采娃[1]　1897年12月11日　尼斯

您问我为什么没有给您写回信，但您难道最近给我写过信？俄罗斯大地的伟大女画家，我什么也没有收到，您不必这样来惩罚我——信写得如此简短。我这里没什么新的情况，一切都照旧。身体照旧，天气照旧，也照样的懒散。

而您生活得如何？在做什么？巴黎依旧让您迷恋，还是已经使您厌倦？而雪花在招呼着您？你我都像北极犬，没有雪会感到不自在。而初次出国的人，这样的感觉更强烈。您来信吧，说说您是否还要长久地在巴黎逗留，什么时候回俄罗斯，有没有来尼斯的计划，尼斯这里气候温暖，大海喜人。您就来吧，咱们一块儿旅游，主要的是可以一起海阔天空地聊天，追忆那遥远的过去……

106

致巴久什科夫[2]　1897年12月15日　尼斯

在您的一封信中，您表达了一个希望，希望我直接从本地

1　亚历山德拉·霍特扬采娃（一八六五—一九四二），女画家，契诃夫一家的好友，曾为契诃夫画过速写。

2　费奥多尔·巴久什科夫（一八五七—一九二〇），文学史家，《世界》杂志的编者。

的生活取材，写一篇域外风情的小说寄给您。这样的小说我只能在俄罗斯写，根据回忆来写。我只会根据回忆写作，从不直接把目击的事件立即写出来。我需要让我的记忆去过滤事件，以便在这个记忆里，就如同在过滤纸上一样，只保留那些重要的或典型的。

107

致巴久什科夫　1898年1月21日　尼斯

我们这里都在谈论左拉和德雷福斯。绝大多数知识分子都站在左拉一边，而不相信德雷福斯有罪。左拉的形象提升了一大截，从他的抗议信中好像吹来了一阵新鲜空气，每一个法国人都感觉得到。感谢上帝，在这个世界上总还存在着正义，如果有人蒙冤受审，总会有人出来为他伸张正义。法国的报纸很有看头，而俄国的报纸不看也罢。《新时报》简直让人厌恶。

译者注

“德雷福斯案”始于一八九四年，犹太血统的法国军官德雷福斯（一八五四——一九二七）被控叛国罪，后来证明是个冤案，但为了“维护政府和军队的尊严”，总参谋部坚持不予改判，引起了法国知识界的强烈反弹。著名作家左拉于一八九八年一月十三日发表题为《我控诉》的檄文，点名抨击制造这起冤案的法国政界与军界的高官，在全世界引起巨大反响。身在法国尼斯度假的契诃夫密切关注着“德雷福斯案”的进展，对仗义执言的法国知识精英，特别是左拉，表示极大的敬意；而对俄国的新闻界，特别是对由他的老朋友苏沃林掌门的《新时报》站在法国政府当局的立场上攻击左拉的行为，感到痛惜与厌恶。

108

致玛·契诃娃　1898年1月27日　尼斯

很想工作，但没有合适的工作环境，因为我把大部分时间用到休闲上——读各种报纸和与女士们聊天。

译者注

契诃夫在尼斯住在俄国人的公寓，从俄罗斯到尼斯去旅游的女士也大都是契诃夫的崇拜者，“与女士们聊天”是少不了的。一八九八年年初，正是法国的“德雷福斯案”发酵的时候，契诃夫关心案件的进展，所以要“读各种报纸”。

109

致苏沃林　1898年2月6日　尼斯

近日我从《新时报》首页读到一则关于我的小说《做客》要在《世界主义》杂志上刊出的醒目广告。我想说，第一，我的即将刊出的小说不是《做客》，而是《在熟人身边》；第二，这样的广告我看了不舒服，而且我的小说也不是那种开着玩笑在一天之内就炮制出来的时髦小说。

您说您为左拉感到惋惜，而这里所有的人都感到好像有一个新的、更好的左拉诞生了。在这个案子的诉讼过程中，他像是被洗净液浸泡过，洗净了污渍，现在以通体的光洁在法国同胞面前亮相。您可以追踪一下事件的全过程，对德雷福斯的判决，不管公正与否，给所有的人（其中我记得也包括您）留下了沉重的感觉。已经有报道说，在庭审过程中，德雷福斯表现得像一个正派的、守规矩的军官，而在场的有些人，如新闻记者们向他大叫大喊："犹太人，住嘴！"这些人的行为有失体统……是的，左拉不是伏尔泰，我们所有的人都不是伏尔泰，但常有这样的生命时刻，这种"我不是伏尔泰"的责难是不合时宜的。想想柯罗连科，正是他挺身而出为格尔塔案件中受冤的农民申辩，使他们免遭火刑之灾；加兹医生也不是伏尔泰，但他美丽的一生是完美地度过的。

我通过法庭速记材料了解"德雷福斯案"，这和报纸上的报道大相径庭，对于我来说，左拉是透明的。主要是他真诚，也就是说，他是根据自己看到的东西来做出判断，而不是像另外一些人那样捕风捉影。真诚的人当然也可能犯错误，但这样的错误也好过那种理智的不真诚，好过出于政治上的谨慎考虑而袖手旁边。就算德雷福斯有罪，左拉也还是对的，因为作家的责任不是给人定罪，而是捍卫那些甚至已经被判了罪的人。有人要说：那么政治呢？国家利益呢？但大作家和大艺术家之所以要从事政治，恰恰是为了摆脱政治。不管最终判决如何，左拉一定会在庭审之后感到真正的欣慰，他的晚年将是幸福的晚年，他会带着问心无愧的良心死去。法国人也亢奋了，他们抓住了从国外传来的每一种可以让他们得到安慰的声音，这就是为什么挪威作家贝恩斯的信和我们的扎克列夫斯基的文章（可以从《新闻报》上读到此文）在这里受到如此的欢迎，这就是为什么他们讨厌那些小报天天给他们送来对于左拉的谩骂。不管左拉多么情绪激动，他毕竟在法庭上代表了法兰西的健康理智，法国人为他感到骄傲，尽管他们也为那些将军鼓掌，将军们天真地用军队的荣誉和战争的威胁来吓唬他们。

您瞧，这信写长了。我们这里已是春天，这感觉就如同在乌克兰过复活节的情景：温暖，阳光，钟声，可以回首往事。您来吧！顺便提一句——杜丝要到这里来演戏。

译者注

这是契诃夫的一封重要信件，契诃夫对“德雷福斯案”所持的观点，以及对左拉的声援，表明了他本人的知识分子立场：站在受损害的弱势群体一边，伸张正义。而因为关于“德雷福斯案”的意见尖锐分歧，契诃夫与老友苏沃林之间的关系也开始冷淡。

尤其不能让契诃夫容忍的是，左拉由于为德雷福斯申冤而被法国当局迫害时，苏沃林的《新时报》还继续攻击左拉。这可以从契诃夫一八九八年二月二十三日写给哥哥的信中看出：

在左拉事件中，《新时报》的表现让人恶心。为此，我和老头子（指苏沃林。——引者）用书信交换了看法（语气比较温和），然后两人都沉默了。我不想再写信，我也不想接到他为自己的报纸的不端行为做辩解的信。

俄国作家柯罗连科为受冤农民做无罪申辩的事发生在一八九六年。

按：加兹医生（一七八〇——一八五三）是莫斯科监狱的主任医师，以尊重囚犯而闻名。

挪威作家贝恩斯于一八九八年一月间致函左拉，赞扬他为德雷福斯辩护的壮举，称这是“对全人类做出的一个贡献”。

110

致约尔达诺夫　1898年3月9日　尼斯

尊敬的帕维尔·费多罗维奇，为了给市图书馆的外国图书部打下基础，前几天我把买来的一批法国古典文学著作从海路寄到了塔甘罗格，共有七十位作家的三百一十九种图书。

译者注

约尔达诺夫是契诃夫故乡塔甘罗格市专管文教事业的官员。契诃夫在法国尼斯养病，还不忘自掏腰包购置大批法国文学书籍捐赠给故乡的图书馆。再联想他后来要把所有遗产捐赠家乡的义举，就可想到其拳拳赤子之心了。

111

致玛·契诃娃　1898年3月28日　梅里霍沃

勃拉兹还在画我，画的时间是否有点长？头的部分已经差不多完成，人们都说画得非常像我，但这个画像我并不觉得成功：在画上有不是我的东西，也有我的东西在画上没有。

译者注

莫斯科特列季雅科夫画廊的主人巴维尔·特列季雅科夫（一八三二—一八九八）于一八九七年委托画家勃拉兹（一八七二—一九三六）给契诃夫画肖像画。画家画了两次，终于在尼斯完成，并陈列于特列季雅科夫画廊，这也是我们最常见的契诃夫画像。但契诃夫本人并不满意。他在一八九八年三月二十三日给女画家霍特扬采娃的信中就已经表达了这种不满："都说我和那个领带画得很像，但那表情就像是我被辣椒粉熏迷糊了。"

112

致玛·契诃娃　1898年4月15日　巴黎

亲爱的玛莎，你不希望我马上回家，为什么？巴黎是个很好的城市，我愿意在这里住多久就住多久。我这么决定：我在这里等待，一直等到你开口说梅里霍沃已经有好天气……

这里的天气很好，树木都变绿了。没有什么新闻。离开尼斯前夕，见到了你的女友尤诺金娃，她是个文静的胖女人，嘱咐我向你问好。我是昨天到的巴黎，去拜访了女画家，在她那儿见到了彼烈普列特契科夫，他与我争论，还开口骂托尔斯泰，这让我想到莫斯科，想到了莫斯科式的无聊，我就走开了。

我愿意去做你托我办的事。请对爸爸说一声，他在复活节那天写给我的信，我在尼斯收到了！

祝健康。向所有的家人问好。再见！

你的安·契诃夫

译者注

这是契诃夫离开尼斯到巴黎后写给妹妹的第一封信。他在巴黎住了三个多星期，等到梅里霍沃“已经有好天气”后才回了国。

契诃夫在尼斯给妹妹玛莎的最后一封信，是一八九八年四月一日写的。他在信中特别嘱咐妹妹："在我到家之前请不要裁剪玫瑰花。"萦绕在契诃夫心里的梅里霍沃之魂，是那里的草木，那里的飞鸟。

让契诃夫不悦的彼烈普列特契科夫（一八六三——一九一八）是个俄国画家。在巴黎的客厅里还听到攻击托尔斯泰的飞短流长，就让契诃夫“想到了莫斯科式的无聊”。

信中提到的女画家，就是一八九七年十二月十一日的收信人霍特扬采娃。

113

致聂米洛维奇-丹钦科　1898年5月16日　梅里霍沃

亲爱的符拉基米尔·伊万诺维奇，我抓住了你一句话。你在信里说：“在排练之前，我会来找你商谈的。”那么就请你来吧！来吧，求你了！你无法想象，我是多么想见到你，为了能与你见面和商谈，我准备把自己所有的剧本都交给你。

你来吧。我在巴黎住了三个星期，也看到了一些东西，可以把一些见闻讲给你听，我想你在我这里不会感到乏味。而且这里的天气非常之好，不会太乏味的。

我急不可待地等候你。

代向叶卡茨琳娜·尼古拉耶芙娜问好。我妹妹向你问好。

祝健康和安好。

你的安·契诃夫

译者注

聂米洛维奇–丹钦科是第一个发现契诃夫戏剧的美质的戏剧家，尽管《海鸥》在一八九六年彼得堡皇家剧院首演惨遭失败，但他和斯坦尼斯拉夫斯基在为新成立的莫斯科艺术剧院选择剧目时，首先把目光投向了《海鸥》。一八九八年五月十二日，丹钦科给契诃夫写信，恳请他把《海鸥》交给莫斯科艺术剧院演出。丹钦科在信中说：

如果你不给，那会置我于死地。因为《海鸥》是唯一一部能吸引作为导演的我的现代剧，而你是唯一一位能让有经典剧目的剧院产生兴趣的现代作家……如果你愿意，在排练之前，我会来找你商谈的，谈《海鸥》和我的导演计划……

契诃夫这封信就是对丹钦科来信的答复。

114

致米齐诺娃　1898年9月21日　雅尔塔

亲爱的丽卡，才说起您就见到了您的信。夏里雅宾和罗扬斯基正在这里开演唱会，我们昨天一起吃晚饭，席间还说起了您。如果您能知道，接到您的信我是多么的高兴！

……

聂米洛维奇和斯坦尼斯拉夫斯基的这家剧院很吸引人。几位女演员可爱得很。如果我在这里再多待点时间，怕是要丧失理智了。我年岁越大，生命的脉搏在我身上跳动得越有力。

译者注

信中提到的“几位女演员”当中，就有契诃夫未来的妻子克尼碧尔。契诃夫与克尼碧尔的第一次见面，是在一八九八年九月九日莫斯科艺术剧院的排演厅，契诃夫去看《海鸥》的排演。克尼碧尔在戏里出演阿尔卡基娜。几天后，契诃夫又看了由克尼碧尔参演的《沙皇费多尔》，与克尼碧尔可以说是一见钟情。所以契诃夫坦率承认：“如果我在这里再多待点时间，怕是要丧失理智了。”

而在一八九八年十月八日写给苏沃林的信中，契诃夫甚至坦承：“如果我留在莫斯科，就要爱上这个伊丽娜（即克尼碧尔。——引者）了。”

克尼碧尔后来在回忆录里也说到了她头一次见到契诃夫时的激动心情以及这次见面后对于她一生的意义：

永远不会忘记当我头一次站在契诃夫面前那一刹那的激动心情。我们都深深感觉到他的人性的魅力，他的纯朴、他的不善于“教诲”和“指导”……从这一次见面开始，我的生命的纤细而繁复的绳结开始慢慢地拉紧了。

115

致苏沃林　1898年10月17日　雅尔塔

在痛苦而漫长的病痛之后，父亲逝世了。如果我在家里，就不会发生这样的不幸……

我大概要在雅尔塔过冬，不想出国，也不能走得太远，因为需要为今后的日子做出安排。过几天妹妹要来雅尔塔，我们将一起商量该怎么办。母亲肯定不想一个人住在乡村，一个人在那里她害怕。应该把梅里霍沃的庄园卖掉，在克里米亚安家，我们住在一起，只要肺病病菌还没有离开我。医生就是这个意见，我应该在克里米亚度过不止一个冬天。这叫越出常轨。

……雅尔塔的生活很安宁，想写长篇小说。而我，走进了自己熟悉的情绪，坐下来，写出十张稿纸。

月亮。迷人的海。我去把这封信投进邮筒。

您的安·契诃夫

译者注

一八九七年的一场大病之后，医生就建议契诃夫一定要去温暖的克里米亚过冬。在这封信里，契诃夫明确说出了要卖掉梅里霍沃的庄园，定居雅尔塔的想法。而且他也渐渐适应了雅尔塔安宁的生活，以为“走进了自己熟悉的情绪”，甚至“想写长篇小说”。

116

致聂米洛维奇-丹钦科　1898年10月21日　雅尔塔

你现在是剧院经理，是个大忙人，但你有时还得给我这个闲人写写信，告诉我剧院最初的成功对演员们产生了什么影响，讲讲《海鸥》的情况，角色的安排有什么变动，等等。根据报纸上的报道判断，剧院的开幕演出非常出色，我非常非常高兴，你甚至无法想象我是多么的高兴。你们的成功再一次证明，无论是观众还是演员都需要知识分子剧院。但为什么剧评不写克尼碧尔扮演的伊丽娜？难道出现了障碍？你们的费多尔我不喜欢，但伊丽娜特别出众，而现在谈论费多尔的多，谈论伊丽娜的少。

在这里已经有人将我吸引到社会生活中去。我被任命为一所女子中学的学监会成员，现在要神色庄重地在学校里爬楼梯，而穿白色披肩的女学生给我行屈膝礼……

译者注

一八九八年十月十四日首演《沙皇费多尔》，这也是莫斯科艺术剧院的开幕演出。好评如潮，但只讲剧中的费多尔而不讲伊丽娜。契诃夫看过此剧的排演，恰恰认为费多尔远不如克尼碧尔扮演的伊丽娜精彩，因此他要为心爱的女演员克尼碧尔抱屈。

117

致玛·契河娃　1898年11月13日　雅尔塔

……我们的房基地人见人爱，谁也不相信，我能这样便宜地把它买下来，而且所欠债务可以让我随时偿付。为了未来的花园，我得到了许多玫瑰树与柏树。我们的别墅是很不错的……

我身体很好，吃得很多，常常散步。曾经冷了几天，现在又暖和了。在雅尔塔狗照样叫，茶炊和火炉上的烟筒照样响，但因为我每个月要喝一次蓖麻油，因此所有这些都对我没有影响。

你告诉妈妈，不管狗和茶炊怎么闹腾，夏天过后还会有冬天，青春过后还会有衰老，幸福后面跟着不幸，或者是相反。人不可能一辈子都健康和欢乐，总有什么不幸的事在等着他，他不可能逃避死亡，尽管曾经有过马其顿王朝的亚历山大大帝——应该对一切都有所准备，把一切所发生的都看成是不可避免的，不管这是多么令人伤心。需要做的是，根据自己的力量，完成自己的使命——其他的不用去操心。

译者注

契诃夫这时已在雅尔塔购地建房，并且不断地把建房的进展向妹妹报告。但这封信的主要意图是让妹妹下决心，特别是通过妹妹让母亲下决心移居雅尔塔，与他一起生活。

118

致苏沃林　1898年11月29日　雅尔塔

我接连五天咳血，直到今天病情才有所缓解。但我只对您一个人说，别告诉任何人。我完全不咳嗽，体温也正常，我的咳血给别人带来的惊吓要甚于对我自己——所以我要竭力背着家人偷偷咳血。柯尔代的女婿隆布里（家住莫斯科大阿法纳西耶夫斯基胡同，阿甫托诺莫夫大院）来信说，他翻译了豪普特曼的新剧作《车夫亨舍尔》，他请我把他的译作推荐给您，如果您有意排演此剧的话。

现在雅尔塔还是夏天的天气，温暖，晴朗。在这不许我走出家门的五天里，我感到自己是在监牢里，而外边是天堂。

毕竟怀念莫斯科。想找个什么人谈谈文学，而这里谈论的仅仅是文人，而不是文学。

从彼得堡向雅尔塔快速运货，路上要走十四天。这好比诊疗伤寒的病程是十五天。这么腐败，简直要大声叫喊求救。越是往南，越不开化和愚笨，越是能碰到妨碍生活、让人丧气的腐败现象。

《俄国日历》出版的时候，请给我寄一本来。哪怕就读读日历好了。这里简直无书可读。图书馆里杂志一抢而空，但书没有，因为图书管理员懒得到书架上去取书。

祝您一切顺遂。目前在法国发生的事件，是本世纪末一个伟大的文化的胜利。顺便说一句，罗什福尔的读者人数下降了百分之六十。向安娜·伊万诺芙娜、娜斯嘉和鲍里亚问好。

您的安·契诃夫

译者注

豪普特曼（一八六二——一九四六），德国剧作家。

“目前在法国发生的事件”指法国民众对受官方迫害的犹太裔军官德雷福斯的声援，左拉维护正义的声明产生了巨大的社会影响。

罗什福尔（一八三〇——一九一三），法国《自由言论报》主笔，是个反犹太主义分子。

119

致高尔基　1898年12月3日　雅尔塔

尊敬的阿历克谢·马克西姆维奇，您最近的信给我带来了极大的喜悦，衷心地感谢您。《万尼亚舅舅》是我很久很久以前写的，我还没有见过它的舞台演出。近年来它常在外省上演，这也许是我的戏剧集已经出版了的缘故。我对自己剧作的态度大抵是淡漠的。我疏离剧场已久，也没有写戏的心思了。您问我对您的短篇小说有什么意见。有什么意见呢？您无疑卓有才华，而且是真正的大才华。比如，在短篇《在草原》里，这才华就以非凡的力量展示了出来，我甚至起了妒忌心，因为它不是我写的。您是个艺术家、聪明人，您感触敏锐，您有雕塑感。也就是说，当您描绘一个物象的时候，您可以用眼睛看得到它，可以用手触摸到它。这是真正的艺术。这就是我要向您说的意见，我很高兴能把这个意见说给您听。我再说一遍，我非常高兴，如果我们有机会见面相识，交谈几个小时，您就会相信，我对您的评价有多高，对您的才华有怎样的期待。现在谈谈缺点，但这不太容易。说一个天才的缺点，就像是评说一棵长在后院里的大树一样，因为在这里，主要问题不是在树木本身，而在观赏这棵树的人的趣味。难道不是这样？

首先我要说的是，照我看来您缺乏克制。您像一个在剧场里按捺不住喜悦之情的观众，这样既干扰了自己也干扰了别人看戏。这样的缺乏克制，尤其表现在您常常用自然景物的描写来打断人物对白。谈到这些景物描写，就希望它写得紧凑些，简洁些，有两三个句子就可以了。对于甜美、低语、柔情等的反复叙述，显出某种空泛与单调，这会让读者失去阅读的兴味，让人觉得累。缺乏克制也表现在对女人的描写（《玛尔华》《在木筏上》）和对爱情场合的描写里。这不是大气魄，不是大手笔，而是缺乏克制。还有，在您的小说中常常使用一些不恰当的词语。伴奏、园面、和音——这些词语很碍事。您常常议论海浪。在您对知识分子的描写中感觉到一种紧张，自信心好像不足；这不是因为您对知识分子观察不够，您很了解他们，不过是不能准确地知道该从哪里接近他们。您多大年纪？我不了解您，不知道您从哪里来，您是什么人，但我以为，趁现在年轻，您应该离开下诺夫哥罗德，用两三年的时间在文学圈里泡泡，这倒不是为了唱好歌，就向我们的雄鸡学习，而是为了让您埋头于文学，热爱文学，而且外省容易让人衰老。柯罗连科、帕塔宾科、马明、艾尔捷里这些作家都是好人，刚开始与他们交往，您可能感到乏味，但过一两年您就会习惯，并看到他们的优长，而他们的社交圈子，完全可以补偿您的首都生活的不愉快和不方便。

赶着去寄信。祝您康健、安好，紧握您的手。再一次感谢您的来信。

您的安·契诃夫

译者注

这是契诃夫对高尔基一封信的回复。高尔基在信里讲述了他在故乡下诺夫哥罗德看了《万尼亚舅舅》演出之后的感想。他写道：

前不久我看了《万尼亚舅舅》，哭了，哭得像个女人，尽管我远不是个神经脆弱的人。回到家里，惘然若失，我被您的戏揉皱了。给您写了封长信，但又撕掉了。我说不好这个戏在我心中引起的感受，但我看着这些剧中人物，就感觉到好像有一把很钝的锯子在来回锯我。它的锯齿直达我的心窝，我的心紧缩着，呻吟着。对于我来说，您的《万尼亚舅舅》是个可怕的东西，这是全新的戏剧艺术类型，它是一把铁锤，您用它来敲击观众空虚的脑袋。但观众看不懂您的《海鸥》和《万尼亚舅舅》的内涵，他们空虚的脑袋刀枪不入。您还写戏吗？您写得太让人惊奇了！

到了《万尼亚舅舅》的最后一幕，当医生经过长时间的静场之后说起了非洲的炎热时，我战栗——我为您的才华战栗，我为对于人，对于我们那乏味的灰色生活的恐惧而战栗。您是如此有力而准确地击中了我们的灵魂！……

半个月后，高尔基又写信给契诃夫说起了《万尼亚舅舅》：

有人说，《万尼亚舅舅》和《海鸥》是新的戏剧类型，在这里，现实主义提升到了激动人心的、深思熟虑的象征。我认为这个说法很对。听着您的戏，想到了其他的重要问题。别人的戏剧不能把人从具体的生活抽象到哲学概括，您的戏剧能做到这一点。

120

致维什涅夫斯基　1898年12月26日　雅尔塔

亲爱的亚历山大·列奥尼多维奇，祝您新年快乐，祝您健康、幸福，一切如意。因为您发来的这份可爱的电报，我要向您致以非常大的，有六层楼那么高的谢意。我要把它保存着留作纪念，二十年后我再拿出来给您看。

报纸上的报道不知所云，但我的弟弟伊万来了雅尔塔，也收到了聂米洛维奇–丹钦科的信，我这才完全明白，你们的演出实在太好了，太精彩了，我没能在莫斯科现场，这简直是荒唐。我将在什么时候和什么地方看到《海鸥》呢？紧握您的手。

克拉姆萨科夫当年曾经设想过我能写剧本，您能演戏吗？

代我向所有的人致敬、问好。

您的安·契诃夫

译者注

一八九八年十二月十七日莫斯科艺术剧院首演《海鸥》，大获成功，第二天，在剧中扮演多恩医生的维什涅夫斯基（一八六三—一九四三）给契诃夫发去电报，报告演出盛况，这封信就是对“这份可爱的电报”的回复。克拉姆萨科夫是契诃夫故乡一所中学的老师。

其实最早发电报给契诃夫报告演出成功的是聂米洛维奇–丹钦科，这份电报是演出完毕后立即发出的，电报全文如下：

雅尔塔，安东·巴甫洛维奇·契诃夫

刚演完《海鸥》，大获成功。从第一幕开始就抓住了观众，胜利一个接着一个。不断的返场。第三幕之后，我上台说作者不在剧院，观众要求给您发电报。我们幸福得发疯了。我们全都要深深地吻您。详情函告。

丹钦科后来在回忆录中详细讲述了《海鸥》的首演，说这次演出标志着“一个新的剧院诞生了”。后来一只飞翔的海鸥绣在了莫斯科艺术剧院的大幕上，成了这家世界闻名的剧院的院徽。

121

致高尔基　1899年1月3日　雅尔塔

您是自学成才的吗？在您的小说中，您完全是个艺术家，而且是个真正的知识分子。您一点也不粗野，您很聪明，有很细腻和敏锐的感受力。您最好的作品是《在草原》和《在木筏上》，关于这个我在信中对您说过了吗？这是很高级的、可作典范的作品，从中可以看出您是一个受过良好教育的艺术家。相信我并没有说错。唯一的缺点是——缺乏节制，缺乏优雅。为了表现一个特定的行为而耗费最少数量的动作，这就是优雅；而在您的行为呈现中却让人感到有多余的动作。

景物描写很有艺术感，您是个真正的风景画家。只是常常使用拟人化的手法，什么大海在喘息，天空在眺望，草原在休闲，田野在细语，在言说，在叹息，等等——此类用语会使风景变得单调，有时甚至让人觉得腻味，模糊不清。景物描写的鲜明性与表现力只能依靠简朴的句子来达到，比如“太阳落山了”“天黑了”“下雨了”这类简朴的句子。比起其他的小说家，您理应更喜欢这种简朴。

……在失败与失望中，时间飞快地过去了，而曾经如此自由的日子，好像已经不是我自己的过去，而是属于其他什么人的了。

译者注

契诃夫对于“优雅”的定义——“为了表现一个特定的行为而耗费最少数量的动作，这就是优雅”——后来成为了俄罗斯心理现实主义流派的一个重要美学标准。

122

致苏沃林　1899年1月27日　雅尔塔

前不久我写了一篇长度为二分之一印张的幽默小说，有人告诉我说，列夫·托尔斯泰在家里大声读这篇小说，读得非常好。

您读过小说家高尔基的作品吗？这是个毫无疑问的天才。如果您还没读过，那么把他的小说集找来，先读这两篇：《在草原》和《在木筏上》。《在草原》写得非常出色，就如同斯塔索夫[1]所说，这是个金子般的东西。

译者注

“幽默小说”是指契诃夫发表在一八九九年第一期《家庭》杂志上的小说《宝贝儿》。托尔斯泰非常喜欢这篇小说，契诃夫听到这个消息，起初有受宠若惊的感觉。他在三月二十八日的一封信里承认：

1　符拉基米尔·斯塔索夫（一八二四—一九〇六），文艺评论家、社会活动家。

“当我写《宝贝儿》的时候，怎么也想不到列夫·托尔斯泰会读它。”但慢慢地契诃夫就不那么高兴了，因为他发现托尔斯泰喜欢这部作品是因为喜欢宝贝儿这个对男人百依百顺的女人。托尔斯泰说：“这简直是颗珍珠，女人的爱的本质表现得如此细腻！”“她能为心爱的人献出自己整个身心。”但契诃夫对这个失去了自己独立人格的宝贝儿是有所批评的。当然这种批评是用含蓄的幽默呈现的。比如，她一嫁给剧场经理，便认定“世界上最美妙、最重要的是戏院”。而丈夫死后改嫁木材商人后，她便“觉得生活中最最重要的东西是木材”。

一九〇一年秋天，托尔斯泰、契诃夫、高尔基在克里米亚一个胜地相聚，托尔斯泰又当着契诃夫的面赞美宝贝儿的爱是如何高尚，弄得契诃夫很尴尬。高尔基在回忆录里写道：“托尔斯泰说得很激动，泪花在眼眶里闪动。而契诃夫这天正好发烧，脸颊上泛着潮红，他低头坐着，认真地擦拭着夹鼻眼镜。良久的沉默之后，叹了口气，不好意思地轻声说道：‘那里有印错的字……’”

123

致玛·契诃娃　1899年2月4日　雅尔塔

我和马尔克斯签订了合同，这已经是确定了的事实。此后，谢尔盖延科[1]想怎么评论就怎么评论好了。现在已经水落石出，也

1　作家、戏剧家，契诃夫的中学同学。

就没有秘密可言。七万五千卢布我不是一次到手，而是在两年内分期获得，所以可以肯定地说，在两年之内我花不完这笔钱。我的考虑是这样的：其中的二万五千卢布用于还债与建房等，而把五万卢布存入银行，这样每年可得二千卢布的利息。

……

在《信使》报上读到，斯坦尼斯拉夫斯基把特里果林演成了一个懒散的人。这算是一种什么样的荒谬？要知道特里果林是个讨人喜欢的人，是个有吸引力的、有情趣的人。一句话，只有庸常的、缺乏判断力的演员，才可能把他演成一个懒散的、萎靡不振的人。

这里的社会环境多么灰暗，这里的人群多么无趣，我的老天爷！不，不能永远与莫斯科脱离关系。

有人给我写信说，列夫·托尔斯泰读了我那篇发表在《家庭》上的小说《宝贝儿》，读得很好，很逗乐。

译者注

契诃夫已与出版商马尔克斯签订合同，以七万五千卢布的价格将全部版权卖出。但在讨论具体出版事务时，契诃夫与马尔克斯是有分歧的。比如，马尔克斯希望每本书前都要有契诃夫的照片和履历，而契诃夫不以为然，他在写给马尔克斯的信里说："如果您能不用照片不登履历，就给了我面子了。"（一八九九年二月二十五日信）

契诃夫异乎寻常地对莫斯科艺术剧院掌门人斯坦尼斯拉夫斯基在《海鸥》中的表演提出不同意见。

124

致阿维洛娃　1899年2月18日　雅尔塔

您说我非常会生活。可能是的，但爱顶撞的牛，上帝不让它长角。我浪迹天涯，简直像个流放犯人。我在豌豆街上行走，但捡不到一粒豌豆。我曾是个自由的人，但不知自由为何物。

译者注

契诃夫其时已与书商马尔克斯（他的俄文名字与马克思同）签订了出让版权的合同，便在一八九九年二月二日写给阿维洛娃的信中调侃说："我的书现在由马克思出版，我现在是个'马克思主义者'。"

125

致苏沃林　1899年3月4日　雅尔塔

我和康达科夫院士为普希金中学举行一场义演，演《鲍里斯·戈都诺夫》中的"楚多夫修道院的僧房"一场，比明一角由康达科夫本人担当。求求您发个慈悲，为了神圣的艺术，写封信给菲奥道西亚别墅的什么人，让他们把铜锣邮寄给我，那面中国铜锣就挂在您别墅的墙壁上。为了制造舞台音响效果，我们急需得到它，我会完好无损地归还它。如果做不到，就尽快通知我，那样我就只好在舞台上敲打洗脸盆了。

译者注

这是契诃夫在给苏沃林的书信中第二次提到“中国的铜锣”。第一次是在一八九七年五月二十六日的信中，契诃夫请苏沃林从欧洲归国时，“在柏林替我买一面中国铜锣，如果它的价格不超过五十马克”。

苏沃林显然没有从欧洲给契诃夫捎回中国的铜锣。而从这封信看，契诃夫需要拿中国的铜锣到舞台上去制造音响效果，因为他们准备义演的普希金悲剧《鲍里斯·戈都诺夫》中的“楚多夫修道院的僧房”这场戏里，就有“早祷时分，警报大作”的规定情境，铜锣能派上用场。

126

致玛·契诃娃　1899年3月14日　雅尔塔

你已经烦我讲述天气了，但我还是忍不住要说说天气。在刮了三天暖风之后，夏天突然之间就来临了，现在我难以形容周遭有多么美妙。昨天和今天我在院子里栽树，那真是怡然自得，何等的美好，何等的温暖和诗意盎然，简直就是欢天喜地。我栽种了十二株樱桃树，四株桑树，两株杏树，还种了一些其他的树。都是很好的树，很快就会结出果实。先前种的树已经枝繁叶茂，梨树开了花，杏树也开着玫瑰色的花。要往北方飞去的候鸟，如鸫鸟，在花园里过夜，一到早上就高声鸣叫。总的来说，非常之好，如果妈妈在这里，她不会不高兴的。

127

致苏沃林　1899年4月2日　雅尔塔

两三个星期之前，康斯坦丁·谢笛诺维奇就马尔克斯的声明给我写了信，我给他回信说，以我的意见，我们应该做出让步，因为道理在马尔克斯一边而不是在我们一边。要知道人们可以在卖完存书之前两个星期再加印十万册，说这是最后一版，然后证明他们在法律上无过错。我请康斯坦丁·谢笛诺维奇保持沉默，如果您和康斯坦丁·谢笛诺维奇接受我的处理意见（请看我给他的信），那么在我的最后一版书卖完之后，我向你们书店支付经济补偿。

再说一件事。两星期前您收到了雅科夫列夫的短篇小说《忌妒》，这是我应小说作者的请求寄给您的。

好了，现在不谈公事，您准备怎么度过春天？准备上哪去？去莫斯科，去费奥杜西亚，还是出国？还是去庄园？请来信告知，或者最好是打电报来告诉您的出行计划，也许我的计划与您的计划重合，那样我们就可以见面聊聊天。我计划在四月十日左右去莫斯科。我的身体还可以，不过昨天和今天都发烧，不知是什么原因。我在认真地读《费加罗报》和《时代报》，我种树，散步，我觉得，我闲适的生活和春天已经延续了六十年，现在可以去北方住住了。一个不是健康的人而是“养病”的人的角色是乏味的，走在海滨和大街上，就像是个编外的神甫。

妹妹来信说，她和母亲都不想再住在乡下，在那里常会想到死去的父亲。我不知现在如何是好。也许只好把梅里霍沃庄园卖掉，尽管我们现在已经把它经营成了这样不错的模样。您的庄园在哪个县？如果我卖掉了梅里霍沃庄园，我就得像以前那样奔波在别人的庄园之间。

最近我很少接到从彼得堡寄来的信；显然，那边的局势平静下来了。这里盛传瓦诺夫斯基将军拒绝听命于当局，他的委员会不再履行职责。在哈尔科夫，当地民众在火车站向路过此地的大学生发出欢呼；也是在哈尔科夫，斯吉茨基案件引发了社会风潮。把自然的力量赶进门里，它会飞出窗户；不给民众自由表达自己意见的权利，民众就会用更火爆、更愤怒的方式把自己的意见表达出来，就会用以官方的观点来看是出格的反常方式表达出来。

请给民众出版言论的自由和表达良知的自由，那样，热切期望的社会安定就会来临，当然，这样的安定不可能持续很久，但对于我们这个世纪是足够的了，好了，给我来电报吧。问候安娜·伊万诺娜、娜斯嘉和鲍里亚。

您的安·契诃夫

译者注

“斯吉茨基案件”是指一八九八年三月被控为杀害宗教法院书记官柯马洛夫的凶手因直接证据不足而脱罪。到了一八九九年三月哈尔科夫法院又重启调查，引起民众不满。

契诃夫与老友苏沃林之间有过两次冲突。一次是因为苏沃林对待“德雷福斯案件”的保守立场（见一八九八年二月六日致苏沃林的信）。这一次是契诃夫认为苏沃林和他主持的《新时报》不该反对这年二月彼得堡大学生为捍卫民主而发起的运动。

128

致高尔基　1899年4月25日　莫斯科

尊敬的阿历克谢·马克西姆维奇，您音讯全无。您在哪？在做什么？准备上哪去？前天我去看望了托尔斯泰，他非常赞赏您，称您是个“非常好的作家”。他喜欢您的《集市》和《在草原》，但不喜欢《玛尔华》。他说：“可以臆造任何东西，但不能臆造心理，而在高尔基那里，恰恰能见到心理的臆造。他描写一些自己没有感觉到的东西。”您听听，我说了，如果您来莫斯科，我就和您一起去拜访托尔斯泰。

您何时来莫斯科？星期四要演出《海鸥》，是专门为我演的，如果您来，我就给您留个位子。我的地址：莫斯科，小德米特洛夫卡，希什科瓦楼区，十四号（从杰特雅尔斯基小巷进入）。五月一日后我下乡（莫斯科省，洛帕斯涅）。

从彼得堡寄来了一封封沉重的带有忏悔性质的书信，我的心也很沉重，因为我不知该如何回复，该如何自处。真的，一旦人生不能做心理的臆想时，的确是很为难的。

写上两三句吧。托尔斯泰问了很多关于您的问题，您引起了他的好奇心。很显然，他感动了。

祝健康，紧握您的手，向您的马克西姆卡[1]问好。

您的安·契诃夫

译者注

彼得堡的苏沃林接到了契诃夫批评他对待学生运动所持立场的信之后，给契诃夫写了几封“沉重的带有忏悔性质的书信”，这反倒让契诃夫为难了，“不知该如何回复，该如何自处”，以至于要接过托尔斯泰的话头，加以发挥，说：“一旦人生不能做心理的臆想时，的确是很为难的。”

1 即马克西姆·阿历克谢耶维奇·彼什科夫，高尔基的儿子。

129

致高尔基　1899年5月9日　梅里霍沃

尊敬的阿历克谢·马克西姆维奇，我给您寄去斯特林堡的剧本《朱丽小姐》，您读过之后寄还给它的主人：彼得堡，叶琳娜·米哈依洛芙娜·尤斯特，潘特列耶莫塔夫斯基街，十三/十五。

曾经爱过带着枪打猎，现在已对此不感兴趣。我看的《海鸥》演出是不带布景的，对这出戏的评论不能很冷静，因为演员把海鸥[1]演得很糟，老在台上哭泣；而特里果林（作家）像个瘫痪的人那样在舞台上踱步和说话；他“没有自己的意志”，而演员对这句台词的理解，让我看了作呕。但整体而言，戏很不错，能吸引人。有些地方甚至不相信是我自己写的。

……

如果想写剧本就写，写完之后寄给我读。写的过程要严守秘密，否则有人会中伤您，坏了您的情绪。

紧握您的手。

您的安·契诃夫

译者注

与契诃夫相识的女作家尤斯特（即莎芙洛娃）把她翻译的

1　指《海鸥》中的女主人公尼娜。

《朱丽小姐》寄给契诃夫，契诃夫看过之后又把译文寄给高尔基看。契诃夫在五月九日同时写给莎芙洛娃的信里，对瑞典作家斯特林堡做了评价："这是一位很棒的作家，有非同一般的力量。"契诃夫对十九世纪末欧洲两位有现代美学思维的剧作家——比利时的梅特林克和瑞典的斯特林堡，都很欣赏。

高尔基读完《朱丽小姐》，于五月十二日给契诃夫写了封长信，倾诉他的强烈感慨："我还要问问自己也问问您——为什么我们没有斯特林堡，没有黑德别格，没有易卜生，没有霍普特曼？为什么？难道就像人们所说的，原因在教育，我们的中学扼杀人的个性，使人变成庸人，吞食了人的灵魂？"

按：黑德别格（一八六二——一九三一）也是瑞典作家，一八九九年三月俄罗斯一家刊物发表了他的长诗。

130

致缅希科夫　1899年6月4日　梅里霍沃

……我不参加普希金的纪念集会。第一，我没有礼服；第二，我很怕听演讲。只要一听到这类纪念宴会上的演讲，我就痛苦不堪，想钻到桌子底下去。这类演讲，尤其是莫斯科的，充满着有意识的谎言，而且他们说得也不好……做演说的也不是真正的文学家，而是些文学的掮客。

131

致克尼碧尔　1899年9月3日　雅尔塔

可爱的女演员，我回答您的所有问题。我平安到达。我的旅伴把下铺让给了我，后来车厢就剩了两个人：我和一个亚美尼亚人。在车上我一天喝好几次茶，每次喝三杯，放入柠檬，喝得不慌不忙，有滋有味。筐里放的食品我在车上全吃光了……在雅尔塔住进了自己的房子……还要说点什么？我几乎不到花园里去，经常坐在房里想您。而当我在车上经过巴赫契萨拉伊时，我就想起了您，想起我们是如何一起旅行的。可爱的、非凡的女演员，美丽的女人，如果您知道您的来信给我带来了多少欢乐。我低低地向您鞠躬，低低地，低得额头要碰到我们家那口已经挖到八丈深的井底。我已经习惯和您在一起，现在我很苦闷，而且无论如何不能容忍这样一个想法：在春天之前我见不到您……

好了，我紧握和热吻您的手。祝您健康、快乐、幸福！工作吧，跳跃吧，迷恋吧，欢唱吧，如果可能的话，别忘了我这个编制外的作家，您的忠实的崇拜者。

译者注

克尼碧尔（一八六八—一九五九），契诃夫的夫人。他们初识于一八九八年九月九日的莫斯科艺术剧院排演场上，一八九九年春天开始真正的恋情。四月十八日，契诃夫第一次单独拜访克尼碧尔，并和她一起参观列维坦画展。五月初，契诃夫偕克尼碧尔回梅里霍沃庄园。七月两人一起旅游，在旅游胜地巴赫契萨拉伊的逗留更是给两人留下深刻印象。七月二十日他们一起到了雅尔塔，八月二日又一起返回莫斯科。八月二十七日这对恋人不得不分手，契诃夫独自前往雅尔塔，当他刚刚住进尚未完全竣工的白色别墅时，便接到了克尼碧尔的来信："当您离去的时候，我是多么痛苦，如果不是维什涅夫斯基（莫斯科艺术剧院的演员。——引者注）陪着我，我会大哭一路了。暂时还没有入睡，我在心里与您一路同行。"九月三日，契诃夫便从雅尔塔发出了这一封信。

132

致克尼碧尔　1899年10月30日　雅尔塔

可爱的女演员，我的好人儿，您问我是否激动。《万尼亚舅舅》二十六日演出的信息，是从您那封我二十七日才收到的信里得知的。二十七日晚上，我已经上床睡觉了，便不断地收到电报，这些电报是通过电话告知我的。每次电话铃声把我唤醒，我便光着脚，在黑暗中跑向电话机，冷得发抖。然后刚刚睡着，电话铃声又再次响起。这是平生第一次我自己的荣誉不让我好好睡觉。第二天，我把拖鞋和睡衣放到床边，但电报不来了。在电报中说的都是谢幕的盛况和巨大的成功，但我从电报的字里行间可以觉察到你们的情绪其实并不十分高涨，报纸上的报道能证明我的猜测。是啊，你们这些艺术剧院的演员已经不满足于一般性的成功，你们需要爆炸性的成功。你们被宠坏了，你们被不间断的关于成功，关于满座与不满座等的言谈弄得晕头转向，你们被这些迷魂汤毒害了，再过两三年你们会吃点苦头！你们瞧着吧！

您生活得怎样？自我感觉如何？我一切照旧，写作，植树。但客人来了，无法写了。客人已经坐了一个多小时，还提出要喝茶。得去烧上茶炊。噢，多么无聊！

请别忘记我，不要让您的友谊之火熄灭，我们夏天还得结伴去旅游。再见！再见之日大概不会早于四月。如果你们艺术剧院的人能在春天到雅尔塔来，在这里一边休养一边演戏，就太有艺术情调了。

客人会把这封信带走投进邮筒。

紧握您的手。向安娜·伊万诺芙娜和您那位当军官的叔叔问好。

您的安·契诃夫

133

致维什涅夫斯基　1899年11月3日　雅尔塔

亲爱的亚历山大·列奥尼多维奇，童年的朋友，非常感谢您寄来的信和海报。是的，海报很别致，您是对的，但这海报也并非完美，它更适用于某个开明的男爵夫人家里举办的慈善演出。但不管怎么说，一切都很美好，我要谢谢上帝，我在人生的大海里漂游着，今天终于登上了像莫斯科艺术剧院这样的美丽小岛。如果我有孩子，我一定要让他们一辈子为你们所有的人向上帝祈福。

我家厨娘玛莎的怀孕让您吃惊了，您在信中问我是谁把她的肚子弄大了。常到我家来的男人就两个：一个是您，还有一个年轻的士兵，而到底是谁作的孽，我不知道，而且我也无权裁判他人。如果不是您，您就不必为孩子担责。

我对您有个要求：春天到南方来演戏吧，您求求聂米洛维奇和斯坦尼斯拉夫斯基。你们可以一边演戏，一边休养。在雅尔塔你们可以有五场客满，在塞瓦斯托波尔也一样，而在敖得萨，人们会像欢迎皇帝一样地欢迎你们，因为你们的剧院已经名声在外。

请给我写信，不见来信我寂寞。

代向夫人致敬，向你们的两个院长和全体演员问好。等您寄来照片——您的和《万尼亚舅舅》全体剧组的照片。

握手。

您的安·契诃夫

译者注

亚·维什涅夫斯基在《万尼亚舅舅》中扮演主角，信中提到的海报就是《万尼亚舅舅》的演出海报。

134

致聂米洛维奇-丹钦科　1899年11月24日　雅尔塔

……

当然，我在这里非常寂寞，白天工作，到了晚上开始问自己，要做些什么，要到什么地方去。就在你们剧院演出第二幕的时候，我已经上床睡觉。起床的时候，天还很黑，您可以想象一下这个景象，天黑着，风刮着，雨下着。

我的雅尔塔的别墅建设得不错，很舒适，很温暖，景色也好。花园将非同一般：我自己栽种花木，单是玫瑰就种了一百株——还都是最名贵的品种；还种了五十株槐树，很多山茶花、百合花、月下香，等等。

当您写到剧院生活的琐事是如何让您伤脑筋时，从您的信里就能隐约听到一种颤抖的声音，像是从一面老旧的大钟里发出来的。噢，别心灰意懒！莫斯科艺术剧院——乃是将来写就的一本关于现代俄国戏剧的书中最为辉煌的篇章。这个剧院是您的骄傲，也是我唯一喜爱的剧院，尽管我还没有到过那里。如果我住在莫斯科，我一定要设法走进您的办公室，哪怕就当个看门人，只要能对您有所帮助。如果可能，也能缓解您对这个可爱的剧院的消极情绪。

外边大雨倾盆，房里漆黑一团。祝健康，快乐，幸福。

紧握您的手，代向夫人和剧院的全体演员鞠躬致意，而最深的鞠躬就给奥尔加·列奥纳尔道芙娜[1]。

您的契诃夫

135

致高尔基　1899年11月25日　雅尔塔

您好，亲爱的阿历克谢·马克西姆维奇，谢谢您寄来的书。书中有些小说我已读过，有些还没有读过——这给我的沉闷的外省生活带来了慰藉。您的《福玛·加尔杰耶夫》何时出版？我只是断断续续读过它的一些片段，但我很想一口气把它读完。

我正在为《生活》的第一期写一部中篇小说。收到了杜罗瓦托夫斯基的来信，要我寄一张照片去，用到他编的一本书上。除此之外再也没有其他的文坛信息了。

您刚出版的书很漂亮。

我一直在等您，苦苦地等您。雅尔塔在下雪，潮湿，刮风。但久居本地的人说，还会有好天气的。

1　全称为奥尔加·列奥纳尔道芙娜·克尼碧尔。克尼碧尔是姓，奥尔加是名，列奥纳尔道芙娜是父称。此处连用名和父称表示敬重。

贫穷的肺病患者纷纷涌来。如果我是省长，就会用行政的措施把他们安置到另外一个地方去。面对他们，我不好意思过安逸的温饱生活!

看到他们乞求的面容，看到他们临死时盖着的破被子，心里很痛。我们决定为他们建造疗养院，我起草了一份呼吁书，因为找不到其他办法。如有可能，您把这份呼吁书拿到与您相熟的下诺夫哥罗德和萨马拉的报纸上去做些宣传，也许会从那里寄来一些捐助。前天，《开心》杂志的诗人叶彼德诺夫在此地一所病患收容所里去世了。在去世前两天，他说想吃苹果蛋糕，当我把蛋糕送到他手里时，他刹那间有了精气神，病痛的喉咙发出了沙哑的声音，高兴地说："就是这个！就是这个！" 好像见到了乡亲。

您很久没有给我写信了。这是怎么回事？我不喜欢您久居彼得堡——那儿容易得病。好了，祝健康和快乐，上帝保佑您，紧握您的手。

您的安·契诃夫

136

致聂米洛维奇–丹钦科　1899年12月3日　雅尔塔

亲爱的符拉基米尔·伊万诺维奇，卡尔波夫来了回应，同意暂停排演《万尼亚舅舅》，直到明年[1]。现在您可以像优秀的法官说的那样："有法律依据地"行动。剧本属于您所有，您可以带着它走，而我装出无力抗拒的样子，因为我已把剧本交给了您。

您害怕苏沃林？我已经不再和他通信[2]，也不知道那边的情况。但我可以有把握地说，莫斯科艺术剧院不适合去彼得堡……

您希望下个演出季一定得有我的新剧本[3]？但如果写不出来呢？我当然会试着写，但不敢做出任何承诺。这事可在复活节后再议。如果相信维什涅夫斯基和报纸的报道，你们剧院要来雅尔塔巡演的话，那么到那时还可商谈。

是的，您是对的，如果要去彼得堡演出，要对阿历克谢耶夫[4]扮演的特里果林一角稍做调整。到了生活着我国最多小说家的彼得堡，把小说家特里果林演成一个阳痿患者的阿历克谢耶夫，会让人大惑不解的。对于阿历克谢耶夫表演的记忆是如此阴暗，以至于挥之不去，以至于无论如何无法相信阿历克谢耶夫会在《万尼亚舅舅》中有好的表现，尽管剧评人异口同声地一致说好，甚至说非常好。

---

1 更准确说是明年的演出季。

2 经过"德雷福斯案"和"彼得堡学潮案"后，契诃夫与老友苏沃林之间的关系冷却到"已经不再和他通信"了。当然，信还是有的，但不多了。

3 "新剧本"指《三姐妹》，一九〇一年才问世。

4 即斯坦尼斯拉夫斯基。

137

致克尼碧尔　1900年1月2日　雅尔塔

您好！亲爱的女演员！因为我许久没给您写信，您生气了吧？我常常给您写信，只是您没有收到，因为我们一个共同的朋友，把这些信中途截走了。

祝您新年快乐，新年幸福。我衷心祝您幸福，并拜倒在您的脚下。祝您幸福、富有、健康、快乐。

我们生活得不错，吃得多，说得多，笑得多，还常常说起您。玛莎妹妹回莫斯科后会告诉您，我们是怎么度过新年的。

我还没有向您祝贺《孤独的人》演出成功呢。我总是想，你们会到雅尔塔来的，那样我们就能在舞台上看到《孤独的人》，就能当面诚恳地向您表示祝贺。我已经写信告诉梅耶荷德，让他扮演一个易激动的人时，动作不要太夸张。要知道大多数人都易激动，很多人有更大的痛苦，但是，在哪里——在街上或是在家里——您见过他们捶胸顿足，抱头号哭吗？在舞台上表现痛苦，应该像在日常生活中痛苦状态的流露一样，也就是说，不要用手，用脚，而是用语调，用眼神；不是靠粗手粗脚，而是靠优雅姿态。知识分子有细腻的心理活动，外在形态需要细腻地展示。您要说那是演戏，但演戏也不能允许虚假……

妹妹说您演安娜演得很出色，啊，要是莫斯科艺术剧院能来雅尔塔多好！

《新时报》上登了夸奖你们剧院的文章。那里已经转向：很明显，在大斋戒的时候，他们还会把你们全都吹捧一番的。《生活》第二期上将发表我一篇写得很怪的中篇小说。小说里有很多人物，也有风景描写。有半圆的月亮，有在远方“呜！呜！”鸣叫的鸟——叫声像关在牛棚里的母牛。应有尽有。

列维坦来我们家了。在我的壁炉上，他画了一幅割草时节的月夜。草场、干草垛、远处的森林，月光笼罩了一切。

好了，祝您健康，亲爱的，非同凡响的演员。我想念您。

您的安·契诃夫

什么时候寄来您的照片？

多不文明。

译者注

那篇“写得很怪的中篇小说”是《在峡谷里》。“半圆的月亮”出现在小说第八章：让人爱怜的丽芭抱着死去的孩子在深夜的旷野行走，“天空照耀着一轮半圆的月亮，繁星点点……月亮时而在前边闪亮，时而在右边，那只杜鹃仍旧在鸣叫……丽芭看着天空，想，她孩子的灵魂此刻在哪里？是在她后边走呢，还是升腾到了星星旁边的天际，已经不再想念妈妈？噢，在旷野独自走夜路的人何等寂寞……从天空向大地窥看的月亮一样寂寞，不管现在是春天还是冬天，不管人活着还是已经死去……”

按：梅耶荷德（一八七四—一九四〇），俄国著名导演，一八九八年在莫斯科艺术剧院首演的《海鸥》中扮演特里波列夫。

列维坦的这幅画现在还在雅尔塔契诃夫故居的墙上。

138

致沙宁　1900年1月14日　雅尔塔

亲爱的亚历山大·阿基莫奇，谢谢您还记得我，还给我写了信。我也祝您新年快乐，祝愿您在生活的主要方面保持原样，而在生活的细节上随您所愿地花样翻新。到现在为止，您一直是个有情趣的、有益于人民的、有担当的人，但愿您本色不变。但愿你们的剧院有新的剧本，有自己的剧场，而其他方面还保持原样。

我还活着，几乎是个健康人，但因为此地缺乏文化，听不到莫斯科的钟声而感到寂寞。为了能到莫斯科来，哪怕住上一天，看望你们大家，我愿意付出很大代价。

复活节过后你们会到雅尔塔来吗？你们肯定会有五个满场的观众，这里新建的剧场好像是为了让你们租去排戏用的，排戏和休养。

祝您健康，紧握您的手，衷心祝您好运。

您的安·契诃夫

译者注

沙宁是莫斯科艺术剧院导演。那时，契诃夫给这家剧院的人写信，每次都要鼓动他们复活节后到雅尔塔来演戏。这也是因为“此地缺乏文化，听不到莫斯科的钟声而感到寂寞”。当然契诃夫也想亲眼看看他的《万尼亚舅舅》等剧本的实况演出。他在书信中曾多次提到对“莫斯科的钟声”的眷念。

139

致克尼碧尔　1900年1月22日　雅尔塔

您为什么不给我写信？发生了什么？或是您已经迷恋上了波纹绸做的大翻领？有什么办法，上帝保佑您吧。

……

一月十七日是我的生日，也是我被选为科学院终身会员的日子。这一天过得阴沉、乏味，因为我身体不舒服。现在我病好了，母亲又病了。而这些小毛病完全让我失去了过生日和得到科学院会员称号的好心情，也影响了我给您写信和及时回复电报的兴致。

现在母亲病好了。

……

这么说，您不给我写信，近期也没有给我写信的打算，全要怪常礼服上的波纹绸大翻领。我理解您！

吻您的手。

您的安·契诃夫

译者注

契诃夫于一九〇〇年一月十七日荣获俄罗斯科学院终身会员（即荣誉院士）称号。

“波纹绸大翻领”暗指莫斯科艺术剧院经理聂米洛维奇–丹钦科。克尼碧尔毕业于丹钦科开设的戏剧学校，丹钦科既是她的领导也是她的老师，所以丹钦科成了契诃夫吃醋的对象。然而契诃夫是非常敬重把他的《海鸥》成功搬上莫斯科艺术剧院舞台的丹钦科的，他送给丹钦科一个书形的金质表坠，上边写着：“你给予了我的《海鸥》生命，谢谢。”

140

致缅希科夫　1900年1月28日　雅尔塔

我害怕托尔斯泰死去。如果他死去，我的生活会出现一个大的空洞，因为第一，我爱他甚于爱任何人；我是一个没有宗教信仰的人，但所有的信仰中唯有他的信仰最让我感到亲切。第二，只要文学中存在托尔斯泰，那么当文学家就是一件愉快的事；甚至当你意识到自己毫无作为时，你也不感到可怕，因为托尔斯泰在为所有人写作，他的作品满足了人们寄托在文学上的那些期望与憧憬。第三，托尔斯泰坚实地站着，有巨大的威望，只要他活着，文学里的低级趣味，一切花里胡哨，俗里俗气，病态的如诉如泣，骄横的自我欣赏，都将远远地、深深地淹没在阴影中。只有他的道德威望能够将所谓的文学倾向和潮流固定在一个相当的高度上。如果没有了他，文坛便成了一个没有牧羊人的羊群，或是一锅糊里糊涂的稀粥。

141

致高尔基　1900年2月3日　雅尔塔

亲爱的阿历克谢·马克西姆维奇，谢谢您的来信，谢谢您在信中讲到了托尔斯泰和我还没有从舞台上看到的《万尼亚舅舅》，谢谢您还记得我。在这个光鲜亮丽的雅尔塔，读不到信能闷死人的。懒懒散散，气温在零度以上的愚蠢的冬天，见不到一个有情趣的女人，堤岸街上的那一张张猪脸——所有这一切都能在短时间内把人折磨疯了，把人毁了。我精疲力竭，好像这冬天已经持续了十年……

142

致克尼碧尔　1900年3月26日　雅尔塔

亲爱的女演员，从您的信中飘出黑色的忧伤调子，您闷闷不乐，您深感不幸，但，这是暂时的，因为您很快就要坐进火车车厢，胃口大开地用餐。这很好，您早于其他人先来，和玛莎一起来，这样我们就可以来得及一起说说话，散散步，一起到哪去玩玩，一起喝些酒和吃吃饭。不过您不要带上维什涅夫斯基，否则他会跟在您和我的屁股后寸步不离，不让我们单独说一句话，不让我们好好活着，因为他会一个劲儿地同我探讨《万尼亚舅舅》。

我没有新戏，这都是报纸在瞎说。总的来说，报纸上发表的关于我的信息，没有什么真话。如果我写了新戏，我首先会告诉您。

我们这里正刮着风，真正的春天还没有到来，但毕竟我们已经可以不穿雨鞋走路，出外戴上便帽就可以了。再过几天郁金香就要开花了。我的花园很好，但还没有完全清整好，还有垃圾，还不是个标准的花园。

高尔基在这里。他很夸赞您和你们剧院。我会介绍您和他认识。

哟！有个什么人来了。客人进来了。再见，女演员！

您的安·契诃夫

译者注

一九〇〇年四月二日，克尼碧尔与玛莎到雅尔塔，住在契诃夫的白色别墅的一楼，契诃夫和母亲住二楼。四月九日，契诃夫与克尼碧尔去塞瓦斯托波尔和莫斯科艺术剧院的团队会合。契诃夫第一次看到了《万尼亚舅舅》，四月十三日又与克尼碧尔提前到雅尔塔。莫斯科艺术剧院于四月二十四日结束雅尔塔的巡回演出回莫斯科。克尼碧尔回去后给契诃夫的母亲写了封很乖巧的信，说："在我们的入侵之后，您大概已经恢复了往日的平静，谢谢您的一切，一切。"莫斯科艺术剧院的雅尔塔之行，大大地拉近了契诃夫与克尼碧尔的距离，从此人们不再怀疑他们的亲密关系。

143

致高尔基　1900年7月7日　雅尔塔

亲爱的阿历克谢·马克西姆维奇，今天我收到了纳扎列耶娃（她是您的崇拜者，以"列文"这个笔名在《交易所导报》上发表文章）的来信。她问您在哪里，要您一张照片，以便把它登在《每月文论》上——这是雅辛斯基办的一个刊物。也就是说：她找的是您，而不是我。她的地址是：彼得堡，纳吉日金斯基大街，十一号，十一楼。您瞧！两个十一的号码。

因为我的拒绝，后来又收到了梅里申的一封长信。信很长但缺乏说服力，我不知道该怎么办——再给他写一封信，或是不写。

您生活得如何？您离开雅尔塔不久，就收到了您的信，那时还没有什么新鲜事，现在该有各种各样的新闻了吧。割草季节开始了吗？您写剧本了吗？写吧，写吧，写吧，平实地写，质朴地写，您一定能写出让人叫好的好东西[1]！您答应过，写好了就寄给我，我读了就坦率地写出自己的意见，不适于舞台的台词，我会用铅笔标出。一切我都能做到，只是您得动笔写，不要浪费了时间与情绪。

144

致高尔基　1900年7月12日　雅尔塔

亲爱的阿历克谢·马克西姆维奇，您的去中国的邀约让我吃惊。那么剧本呢？剧本怎么办？莫非您已经写完了剧本？不管怎么说，去中国为时已晚，因为看来战事[2]已近尾声。我要去也只能以医生的身份，军医的身份。如果战争延续，我就去，现在只能

1　这时高尔基正在写他的戏剧处女作《小市民》。

2　指八国联军侵华战争。

坐下来稍微写点东西。

收到我的信了吗？给纳扎列耶娃回信了吗？

我们这里什么新闻也没有，只是又闷又热，难受得很。

向叶卡琳娜·巴甫洛芙娜和玛克辛姆卡问好。祝健康和幸福。

您的安·契诃夫

译者注

这是契诃夫对高尔基七月九日来信的回复。高尔基的信里是这样说的："咱们去中国吗？记得有一次，在雅尔塔，您说很想去中国。那就去吧！我非常想去那里，我想自荐给某个报纸当记者。妻子不放心让我一个人走，说如果您也去她就放心了。亲爱的安东·巴甫洛维奇，咱们去吧！那里——有趣，这里——灰色。"

145

致克尼碧尔　1900年8月9日　雅尔塔

我亲爱的奥丽娅，我的快乐，你好！今天收到了你的信，你离开之后的第一封信，读了一遍，然后又读了一遍，我的女演员，我现在给你写信。送走了你，我去了基斯塔旅馆，在那里过夜。第二天，出于无聊去了趟巴拉克拉瓦。在那里，我躲开了所有认识我并且想向我欢呼的女士，住了一宿，第二天早晨就乘“塔维尔”海轮回了雅尔塔，海轮摇晃得很厉害。现在我坐在雅尔塔，我寂寞，我气恼，我疲惫。昨天阿历克谢耶夫到我这里来了一趟，我们谈论了剧本，我向他保证一定能不晚于九月份完成剧本创作。你瞧，我多聪明。

我总觉得，现在房门就要打开，你走了进来。但你是走不进来的，你现在在排戏，或者在密尔兹里扬科夫斯基街的家里，离雅尔塔很远，离我很远。

别了，上天保佑你，天使保佑你。别了，好姑娘。

你的安东

译者注

克尼碧尔一九〇〇年夏天到雅尔塔与契诃夫小叙了几天，两人的关系当然更亲密了，所以称呼也变了——由“您”变成了“你”，由“您的安·契诃夫”变成了“你的安东”。但据说这期间也发生了点不愉快，那就是女演员柯米萨尔日芙斯卡娅突然来到雅尔塔，与契诃夫单独会见了一次，令克尼碧尔不悦。契诃夫在这封信中说他去巴拉克拉瓦是如何躲避了向他献殷勤的女士，也是有意说给克尼碧尔听的。

阿历克谢耶夫（即斯坦尼斯拉夫斯基）与契诃夫谈论的剧本是《三姐妹》。

146

致克尼碧尔　1900年8月18日　雅尔塔

我的米留莎，现在回答你在信里抛出的问题。我不是在古尔祖弗写作，而是在雅尔塔，外人对我打扰得太凶了，简直是残酷和卑鄙。剧情就在脑子里，已经成熟，已经要涌到稿子上去，但我刚要拿出稿纸，房门就打开了，一张讨厌的面孔就伸进来了。我不知道将来会怎么样，而剧本的开头是不错的，觉得很顺畅。

我们能见面吗？当然，我们能见面。什么时候见？大概是九月上旬。我寂寞，我气恼，钱去得太快，我要破产了，我要从烟囱里飞出去。今天狂风大作，有风暴，树木在枯萎。

一只大雁飞过去了。

是的，我亲爱的女演员，我正想现在撒着欢儿地到原野上去奔跑，挨着森林，挨着小溪，挨着羊群奔跑。说来也可笑，我已经有两年没有见到青草了。我的杜西雅，我好寂寞！

玛莎明天离开这里。

好了，祝健康。我没有见到阿历克谢耶夫夫妇和丹钦科夫人。

你的安东

维什涅夫斯基不给我写信，想必生我的气了。为了这个，我将把一个不好的角色写给他。

147

致柯米萨尔日芙斯卡娅　1900年8月29日　雅尔塔

维拉·费多洛芙娜，您生气了？那又有什么办法！我们的不顺当和相互误会的时间，可能还要延续下去；我一天要到照相馆去两次，但每次他们都对我说：还没有弄好！今天我终于失去耐心，拿了两张没有经过修版的照片，给您寄去。这两张照片还没弄好，所以您别要求太高。您看了之后写信告诉我，还要给您寄几张。如果这两张都喜欢，我就每样再寄几张。顺便说一句，您在照片上的样子很忧伤，很忧伤！

包包雷金的文章，他和父亲的谈话登在《俄罗斯思想》一九〇〇年六月号上。

我多么希望现在到一些文明国家去，比如到彼得堡（原文如此。——译者注）去，在那边生活一段时间，让自己振作起来，我觉得在这里只能浑浑噩噩地过日子，或者干脆头也不回地，像一个升空的气球飞到随便什么地方去。而剧本还是在写着，大概九月能写完，到时我会寄给您。九月我去莫斯科，然后出国，去国外待很久。

雅尔塔很冷，大海发怒了！祝健康和幸福，上帝保佑您。别生我气！

您的安·契诃夫

译者注

柯米萨尔日芙斯卡娅是契诃夫颇为欣赏的女演员。她曾在一八九六年十月十七日首演的《海鸥》中扮演妮娜。整个演出是失败的，但她的表演得到契诃夫的赞赏。两人之间有很深的友谊。八月初他俩也在雅尔塔见了一面，尽管克尼碧尔此时就在契诃夫身边。回去后，柯米萨尔日芙斯卡娅给契诃夫写了封充满感伤的信："我一直为您惋惜……惋惜，惋惜到了伤心。"契诃夫就在"雅尔塔很冷，大海发怒了"的当天，给她这位"惋惜到了伤心"的女演员寄去了照片，还写了句题词："平静的安东·契诃夫，在这个大海咆哮的风雨天……"

148

致克尼碧尔　1900年8月30日　雅尔塔

亲爱的奥丽娅，我活得很健康。女演员，我也希望你活得很健康。没有给你写信，是因为在赶着写剧本。尽管有点枯燥，但其中毕竟也有智慧。我写得很慢，这倒没有预料到。如果剧本写得不太成功，就把它放在一边，到了明年再说。但不管怎么说，我很快就能把它写完。

啊，人们是怎样打扰我写作的，如果你能知道就好了！！！但我又不能不接待这些不速之客，这我做不到。

莫斯科冷了吗？哦哟，哦哟，冷了可不好。

好了，祝你健康。你生气了，因为我有几封信没有写上你的名字。坦白说，这不是故意的。

吻你二十次。

前几天身体稍有不适，而现在又好了，又开心了。

你的安东

149

致克尼碧尔　1900年9月5日　雅尔塔

亲爱的米留莎，我的天使，我没有给你写信，但请你不要生气，请你宽容一下人性的弱点，我一直在写剧本，想得多，写得少，但我总觉得自己在做事儿，忙到顾不上写信……

我这里有客人：中学的女校长和两个姑娘，写作又中断了。今天送两个熟识的女士去轮船码头，哎哟——碰上了要回莫斯科的叶卡捷琳娜·尼古拉耶芙娜[1]。她对我冷淡至极，冷得就像是秋日里的一块墓碑！大概，我也没有对她太热情。

我当然会发电报的，你一定得来车站接我！我坐快车，早晨到。一到莫斯科就坐下来写剧本。我在哪落脚？在德米特洛夫卡

1　即聂米洛维奇–丹钦科的妻子。

没有桌子也没有床，只好住旅馆。我不会在莫斯科待太久。雅尔塔无雨，树木在凋零，草早已枯萎；天天刮风，冷。请常常给我写信，你的来信每次都能给我带来欢乐，也能改善我的心情，我的心情几乎每天都是干燥的、生硬的，就像克里米亚的土地。我亲爱的，别生我的气。

客人要走了，我去送送她们。

你的安东

150

致高尔基　1900年9月8日　雅尔塔

亲爱的阿历克谢·马克西姆维奇，昨天收到一封信，现在转给您，看来这跟您有关，主要是想让您看到它。

刚刚读报获悉您在写剧本。写吧，写吧，写吧！这很需要。如果失败了，也没有什么了不起。失败很快就会被忘记，但是成功，哪怕是微小的成功，就能对戏剧做出很大贡献。

如果给我写信，我在这里还来得及收到，因为离开雅尔塔不会早于九月二十二日。去莫斯科，如果那里很冷，就出国。

电报收到了，谢谢。

我一到莫斯科就给您发电报，那时您就过来，咱们一起聊大天，一起走遍莫斯科。

您的安·契诃夫

向您妻子问好，告诉她，我会从莫斯科或是从国外给她寄张我的拍得很好的照片。

151

致克尼碧尔　1900年9月27日　雅尔塔

我亲爱的奥丽雅，我的好演员，为什么要有这个腔调，这种酸溜溜的诉苦的情绪？难道我当真有错？好了，请原谅，我亲爱的好人儿，别生我气，我并不像你疑心的那样有错。我之所以直到今天还没有来莫斯科，是因为身体不适，没有其他原因。亲爱的，我向你保证。这是心里话！你还不相信？

在十月十日之前，我会一直待在雅尔塔，我要工作，然后去莫斯科，看身体情况，也许还要出国。反正我会写信给你的。弟弟伊万和妹妹玛莎最近都没有来信。显然，他们生气了，为什么——不知道。

昨天到斯列金家去了一趟，在他们那儿碰到很多人，都是些陌生人。他的女儿得了贫血症，但照样能上学。他自己的关节炎也犯了。

你来信可以详细说说你们演出《白雪公主》的情况，说说头几场戏的演出反应，你们全体演员的情绪如何，观众的反应如何，等等。要知道你和我不同，你有很多写信的材料，多得很，而我少得可怜，可能就有这样一条材料：今天我抓住了两只耗子。

雅尔塔一直不下雨。干呀，真是干呀！可怜的树木，尤其是长在山的阳面的树木，整个夏天没有得到一滴水，现在它们都枯黄了。人也常常这样，一辈子享受不到一滴幸福的雨露。可能是命该如此。

你在信里说："你本来有一颗温柔的爱心，你为什么把它变硬了？"而我是什么时候把我的心变硬的呢？我在什么地方表现出了这种硬呢？我永远爱着你，永远对你温柔，而且我从来没有对你隐瞒这种感情；你责备我心太硬，那也只能说明你日子过得太舒服。

从你的来信看，你想和我做一番解释，做一次长谈，而我不知还能对你说些什么，除了我已经向你说过一万次而且大概还要一直说下去的这句话，也就是——我爱你。其他的话没有了。如果我们现在不能在一起，那么有错的既不是我，也不是你，而是一个魔鬼，它在我身上种下了结核病菌，在你身上种下了对艺术的爱。

再见了，再见了，亲爱的女人，让天使保佑你。不要生我气，亲爱的，不要忧伤，做个聪明人。

剧院里有什么新闻？给我来信。

你的安东

152

致克尼碧尔　1900年9月28日　雅尔塔

亲爱的奥丽娅，今天给你发了电报，说我大概在十月份到莫斯科。如果来，那么是在十月十日或十日前后，不会更早，在莫斯科住五天然后出国，反正到莫斯科的日子我会发电报告诉你的。我不知道，十月四日之后是否还有快车，请你打听一下，以免让我白跑火车站一趟。

今天读了有关《白雪公主》的剧评，开头还挺喜欢，后边就腻烦了。我认为你们剧院就只应该排演现代戏！你们应该解读现代生活，就是知识分子正亲身体验着的那种生活，这种生活是其他剧院无法解读的，因为他们既无知识分子也无才气。

没有收到任何人的来信。聂米洛维奇好像生气了，这段时间连一封短信都没有寄来。亲友们也不给我写信。《孤独的人》演得怎么样？这个戏要比《白雪公主》好。

祝你健康和幸福。啊，你在《三姐妹》里要演的那个角色多么好呀！多么好的角色！如果你给我十个卢布，你就能得到这个角色，否则我就把这个角色给另外一个女演员。《三姐妹》不准备给这个演出季，就让这个剧本先搁一搁，用文火将它煮熟，就像厨娘关于馅饼的说法，把它端上了桌——让它长叹一声。

没有其他要说的了。

你整个的安东

译者注

契诃夫认为自己写的剧本，特别是正在写的《三姐妹》是“知识分子戏剧”（他说在这部剧本里写了几个“知识分子女性”），而且认为莫斯科艺术剧院正应该演出这样的戏剧。（他曾说：“莫斯科艺术剧院的演员都像知识分子。”）

153

致克尼碧尔　1900年12月12日　维也纳

我亲爱的，瞧我多傻！一到这里，所有的商店都关张，原来碰上了日耳曼的圣诞节！我现在傻乎乎地坐在旅馆房间里，根本不知道该做点什么，简直是傻透了。没有地方去买旅行用的皮带，只有餐厅开门，里面挤满了盛装的客人，站在他们身旁我简直像个乡下人，但这有什么法子！

明天我去尼斯。我的房间里并排放着两张床，我用热切的眼光盯着它们：我要睡觉，我要思念！多么可惜，这里就我一个人，没有你，没有你，我的杜西雅，我的淘气鬼，非常可惜呀。好了，你在莫斯科生活得好吗？感觉如何？排戏还在进行吗？进展得快吗？亲爱的，把一切都说给我听，要很详细，每天都写！否则我的情绪会变得很坏很坏的。

从布列斯特到维也纳一路上无雪。大地今天是干干的，像三月的景象，不像冬天。我的旅伴也乏味。

杜西雅，我下楼去吃饭——我都说不好这是吃午饭还是吃晚饭，然后上床睡觉。深深地吻你，握住你的手。我美妙的女孩。别忘了我，别忘了！一到尼斯我就去邮局，也许你的信已寄到。

写信来，乖孩子。

你的安东

154

致克尼碧尔　1900年12月21日　尼斯

剧本已写完并已寄出。给你加了好多戏[1]，特别是第四幕。你瞧，为了你我全力以赴，毫不惜力。

写信告诉我，排演过程中有没有障碍，全都理解吗？聂米洛维奇来尼斯吗？如果来，那么什么时候到？

早饭和午饭我们都在一起搭伙吃，几乎都是女士，都是时髦的女士，还都是俄国女士。我还没有去蒙特卡洛。

1　克尼碧尔饰演的是《三姐妹》中的玛莎。

我母亲和玛莎去雅尔塔了吗？这段时间没有收到她们一封信。

我的小美人，没有你我很寂寞，如果你进奥蒙[1]，忘了我，我就去当僧侣。亲爱的，别去奥蒙。

我这里有两个房间，一大一小。一躺上床，你就一定会微笑，这床出奇地宽敞和柔软。我能讲点法语，把过去学过忘了的单词又捡回来。常在梦中见到你，而睁开眼，你好像还在我跟前。你是我非凡的女人。

杜西雅，祝你健康，上帝保佑你。现在工作，而到了春天就到这里来，我有一些悄悄话要对你说。

深深地吻你，抱你，又再吻你。

你的安东

155

致克尼碧尔　1900年12月28日　尼斯

谢谢你转述了托尔斯泰的话。莫斯科的希赫捷里也在此地，他去轮盘赌里赢了好多钱，明天回国……

曾经很冷，但现在暖和了，我们穿着夏天的长衣上街。我玩

1　奥蒙是当时莫斯科一家带餐厅的剧场。

轮盘赌赢了五百法郎。杜西雅，我可以玩玩轮盘赌吧？

我是赶着把第四幕写完的，心想你们急着要用。原来你们是要等聂米洛维奇回国之后才开始排戏，而如果这幕戏再在我这里放两三天，我会把它修改得更好一点。《三人》是个好作品，但用的是老的笔法，所以有别样文学趣味的人读它就有障碍。我也很难一口气把它读完。

身体复原了吗？注意了！尽管在生病期间，你是个好样的姑娘，也写了好样的信，但你还是不要再病了。

有很多女士与我一起用餐，还有些莫斯科来的女人，但我不与她们搭话。我就绷着脸，一言不发，一门心思地吃饭，或者想自己的心事。这些莫斯科的女人为了让我开口说话，居然也谈起了戏剧，但我还是默不作声地吃我的饭。当然听到她们夸奖你的演技，我心里也很高兴。她们很赞赏你，说你是个好演员。好了，女孩子，祝你健康和幸福。我是属于你的！你把我蘸着香醋和色拉油一口吞下得了。深深地吻你。

你的安东

译者注

克尼碧尔在十二月十三日的来信中说："列夫·安东诺维奇让我转告你，托尔斯泰为不能亲自来见你深感遗憾。"在十二月十六日的来信中说："日前托尔斯泰来参加了'契诃夫晚会'，据说，他笑得前仰后合，很开心。"

按："契诃夫晚会"是由俄罗斯艺术文学协会在一九〇〇年

十二月十二日举办的，在这个晚会上，演出了契诃夫的独幕剧《婚礼》和《蠢货》。

又按:《三人》是高尔基的小说。其时契诃夫仅仅读过这部中篇小说的前两章，读完整部小说后，契诃夫对它有更高的评价。

156

致克尼碧尔　1901年1月2日　尼斯

我的杜西雅，你现在是满面愁云，还是满面春风？别发愁，米留莎，好好活着，好好工作，多给你的老头子安东写写信。

今天收到你十二月十二日写的信，我好久没有收到你的信了。你在信里说，当我乘火车离去的时候，你是怎么痛哭流涕的。但这是一封多么美妙的信！这封信好像不是你写的，而是有个什么人应你的要求写成的……

你哪怕给我说一次《三姐妹》的排演，需要加点什么或减点什么吗？我的杜西雅，你演得好吗？噢，你注意！在全剧中你不要装出一副苦相，可以有点生气的样子，但不要有愁苦的模样。在心中很久以来埋着痛苦的人，已经习惯于此，他们只是吹吹口哨，时而做沉思状。舞台上当人们在谈话的时候，你也要不时地在一旁沉思，懂吗？

你当然懂得的，因为你是一个聪明人。我在信上祝你新年快乐了吗？难道没有？吻你两只手，所有十个指头，面额。祝你幸福、平静，拥有更多的爱情，让这爱情至少延续十五年。你怎么看这样长久的爱情？我不存在问题，而你未必。不管如何，我还得拥抱你……

你的安东

译者注

契诃夫在信中关于克尼碧尔如何饰演玛莎的建议，克尼碧尔后来都采纳了。

就是现在《三姐妹》中演玛莎的女演员也是参考契诃夫的这个指导意见来塑造角色的。其实，契诃夫在剧中就有这样的舞台指示："玛莎看着书沉思，轻轻吹口哨……"

157

致斯坦尼斯拉夫斯基　1901年1月15日　尼斯

尊敬的康斯坦丁·谢尔盖耶维奇，谢谢您的来信。您完全正确，图森巴赫的遗体是完全不该展现出来的，这我自己就意识到了，我还把这个意思说给您听，如果您还记得的话。至于说到结尾与《万尼亚舅舅》的结尾相像，这不是什么问题。要知道，

《万尼亚舅舅》也是我的剧本，而不是别人的作品，在一个本人的作品中让人想起本人，那是理所当然的。至于契布德金的这句台词“你想不想吞食几颗甜枣”，可不是说的，而是唱的。这来自一个轻歌剧，到底是哪个轻歌剧我就记不得了，可以去问问建筑师什赫捷里，他家住在花园广场的叶尔莫拉教堂附近。

谢谢您给我写了信。向玛丽娅·彼特洛芙娜及全体演员问好，祝一切都好。祝健康和安详。

您的安·契诃夫

译者注

这封信是契诃夫对斯坦尼斯拉夫斯基导演来信的回答。导演在信中说："《三姐妹》结尾的独白非常感人与和谐，如果此后又把尸体抬上来，就破坏了尾声的和谐。您的剧本里写‘远处人们将尸体抬走’，但我们剧院的舞台没有这样的深度，让三姐妹能见到尸体的搬运。在排演的过程中我们开始想，如果由独白结束全剧要好一点。可能，您是怕这样与《万尼亚舅舅》的结尾太相像？请您解决这个问题：究竟该怎么办？"

契诃夫认为斯坦尼斯拉夫斯基误解了他的意图，他并不想让三姐妹看到图森巴赫的尸体，但他后来还是把“远处人们将尸体抬走”改为“安德烈推着童车”。

按：《三姐妹》中的图森巴赫死于决斗。赴死前，他对未婚妻伊林娜说了一段台词："我好像第一次在生活中看到这些云杉、槭树和白桦，它们都好奇地看着我，在等待什么。多么美的树啊，其实，在它们身旁的生活本应多么美啊！”

158

致维什涅夫斯基　1901年1月17日　尼斯

亲爱的亚历山大·列奥尼多维奇，谢谢您的来信和祝愿。在第三幕里，您当然可以穿制服上衣，但您为什么在第二幕里穿着皮大衣进客厅？为什么？也许，凑巧有件皮大衣。天晓得。

我活得很健康，但愿您也能这样。别忘了剧作者，给我写信，哪怕偶然写写，说说新鲜事儿。今天是我的生日，但在尼斯谁也不知道，我很满意，满意，满意。祝您健康和成功。但您不妨娶个老婆——娶个身材高挑的金发女郎，体态丰满，面色红润，会做很可口的馅饼，晚上八点就上床睡觉。握手。

您的安·契诃夫

译者注

维什涅夫斯基在《三姐妹》中扮演玛莎的丈夫库雷金。在第二幕里，库雷金对玛莎说：“你是个奇女子。我很满意，满意，满意。”契诃夫是在做只有维什涅夫斯基了然于心的“滑稽模仿”。

159

致克尼碧尔　1901年1月17日　尼斯

我的杜西雅，别担心，你的来信我都收到了，我可以打赌，一封信也没有遗失。亲爱的小狗，谢谢你。如果像你所说，最后一段时间我只能接到你写得很短的信，而且还不能常常写信，那就这样吧。你的工作的确很忙，尽管应该考虑到这个剧本不在这个演出季演出，它只在彼得堡上演。

……

现在我很健康。我们想去阿尔及利亚，但未必能很快成行，因为海浪很大，比方说，今天就有暴风雨。这边的访客太多，很妨碍我工作，很让人生气。今天就有几个人在我房里从下午五点一直坐到晚上十一点半，有时我无法工作还是因为我很气恼。我想从阿尔及利亚回国直接去雅尔塔。

杜西雅，今天是我的生日，万幸，这里无人知晓。玛莎来了，你就告诉她，马尔克斯将从彼得堡汇一笔款子给她，让她收下。

我向你跪倒在地，我吻你，抱你，然后再跪倒在地。

你的老头安东

需要给你带点什么？或者需要给你寄点什么？

当然，第三幕的舞台上应该保持平静，以便让人感到人们已经很累，他们想睡觉……干吗要在这里弄出声响？声响是在幕后。

译者注

这封信的重要内容是契诃夫关于《三姐妹》第三幕的声响处理的意见，他表示同意聂米洛维奇的想法，而反对斯坦尼斯拉夫斯基的处理。契诃夫发表这个意见，是因为从克尼碧尔一九〇一年一月十一日来信中读到了这样的情况："第三幕已经排过两次。聂米洛维奇来看了，可能会有好多变动。斯坦尼斯拉夫斯基在舞台上弄出可怕的慌乱场面，大家都在奔跑，神经错乱。相反，聂米洛维奇建议在幕后搞出强烈的火警，而在舞台上的表演是徐缓的，这样的舞台效果会更加强烈。"

其实，契诃夫在《三姐妹》第三幕的舞台指示中就已经写明："舞台后面响着失火的警报……"

按：马尔克斯是买断契诃夫版权的书商，按时要给契诃夫寄稿费，因他在国外，所以汇给他妹妹玛莎。

又按：契诃夫的阿尔及利亚之行未能实现。

160

致克尼碧尔　1901年1月20日　尼斯

我亲爱的小演员，我灵魂的剥削者，你为什么给我发电报？要知道与其说这些无聊的事，不如讲讲你自己。《三姐妹》排得怎么样？从来信可以判断，你们在胡闹。第三幕嘈杂声一片……为什么要有嘈杂声？嘈杂声仅仅是在幕后，在远处，声响是低沉的，而在舞台上的所有人都累了，想睡了……如果演坏了第三幕，那么整个戏就演砸了，让我在垂垂老矣的时候，还遭观众喝倒彩。阿历克谢耶夫和维什涅夫斯基都在信中夸奖你。我虽然还没有看到你的表演，但一样要夸奖你。维尔希宁发声说“哒……哒……哒”，这是作为提问，而你说“哒……哒……哒”，这是作为回答，你把这当作一种特别的玩笑，你说“哒……哒……哒”的时候是带着一丝笑意的……你说出“哒……哒……哒”的时候，是笑着的，但笑声不要太大，要很轻，很轻……

我早就说，在你们的舞台上搬运图森巴赫的尸体不合适，而阿历克谢耶夫坚持一定要有尸体出现。我已经写信给他，让他别在舞台上搬运尸体，我不知道他是否已经收到我的信。

如果戏演砸了，我就到蒙特卡洛去赌钱，输到不省人事……

你的安东尼长老

译者注

契诃夫特别关心《三姐妹》第三幕的舞台处理，也就是声响问题。他要求声响局限在幕后的远处，舞台上却是平静的；还有戏结尾处不要把图森巴赫的尸体搬上舞台。这封信着重说维尔希宁与玛莎在第三幕用“哒……哒……哒”的声音来传递彼此感情的处理。因为玛莎的扮演者就是克尼碧尔，所以对于玛莎此刻的表演，契诃夫做了更细致的说明。

161

致克尼碧尔　1901年1月21日　尼斯

我的米留莎，玛莎在第三场的忏悔完全不是忏悔，不过是个坦率的交心罢了。有点激动，但不绝望，也不叫嚷，有时哪怕微笑一下，重要的是，让人感到夜晚的疲乏；也让人感到你比自己的姐妹聪明，至少是你自己认为比她们聪明。关于“哒……哒……哒”你知道该怎么处理。你是个聪明人。

依然爱你的安东院士

译者注

克尼碧尔一九〇一年一月十五日给契诃夫写信说：“我想把第三幕演得有激情，很冲动，也就是说，把忏悔进行得强烈，充满戏剧性……”契诃夫回信对所谓的“忏悔”做了解释。玛莎的“忏悔”是第三幕的一个戏剧段落。

奥莉加　你呀，玛莎，糊涂。我们家最糊涂的人就是你了。请原谅。

[停顿。

玛　莎　我想忏悔，亲爱的姐妹们。我的良心正受折磨。我向你们忏悔，我也没人，没机会忏悔了……我这就说出来。（轻声）这是我的秘密，但你们总得知道……我不能静默……

[停顿。

我爱，爱，爱这个人……你们刚刚还见着他……嗯，情况就这样，你们听着。一句话，我爱韦尔希宁……

奥莉加 （走向屏风后面自己的床）别说这个。我反正不要听。

玛　莎　怎么办！（抱住头）一开始我觉得他奇怪，后来我可怜他……后来爱上了他……爱他，连同他的声音，他说的话，他的不幸，他的两个女孩子……

奥莉加 （在屏风后）反正我不听。不管你说什么糊涂话，反正我不听。

玛　莎　唉，你已经变古怪了，奥莉加。我爱——就是说，我命该如此……他也爱我……这真可怕。是吗？这是丑事吗？（拉着伊琳娜的手，把她拉向自己）啊，我亲爱的……我们怎么走完我们的人生，我们要成为怎样的人……当你读随便一本小说时，那么你觉得所有这一切都是老套的，一切都清楚，可一旦自己爱上时，你就会发现：没有人知道任何事情，每一个人应该自己决定……我亲爱的，我的姐妹们……我向你们坦白了……现在我不会说了……就像果戈理写的那个疯子……静默……静默……

162

致克尼碧尔　1901年2月2日　罗马

我的好姑娘，我现在在罗马。今天接到你的来信，这是一个星期后的第一封。我想，这是我的戏的过错，它失败了。关于戏的演出，信息全无，显然，情况不妙。

啊，这个意大利是个何等美妙的国家！让人惊奇的国家！这里没有一个角落，没有一寸土地不能成为在最高的意义上可供借鉴的榜样……

我现在完全健康了，我的米留莎，别为我担心，你自己要保持健康……

深深地吻你，我的杜西雅。请原谅，我写得不多，但我爱我的狗爱得很多。你到过意大利吗？大概是到过的。这么说，便能理解我的好心情。顺便说说，我这是第四次到意大利了。

我吃得很多。收到了聂米洛维奇的信，他夸奖了你。

你的安东

译者注

《三姐妹》一九〇一年一月三十一日首演，契诃夫没有及时听到演出的消息，担心戏演砸了。其实，克尼碧尔在首演结束后立即给契诃夫发去了电报："大获成功。拥抱我亲爱的人。奥尔加。"聂米洛维奇也发了电报："第一幕后谢幕十次，第二幕有点拖，第三幕非常成功。演出结束后观众要求返场的呼声变成了吹呼声。观众要求给你发电报。演员演得特别好，尤其是女演员。剧院全体人员向你致敬。聂米洛维奇。"

163

致克尼碧尔　1901年2月23日　雅尔塔

……

我病了三天，现在稍好一点。我久病，又孤独。彼得堡的报纸我只能读到《新时报》，所以我对你们演出大获成功的消息一无所知……

蒲宁来过这里，现在他走了——留下我一个人。《俄罗斯思想》的出品人拉甫洛夫偶尔也来。他看过你演的《三姐妹》，夸奖你。

译者注

契诃夫从意大利回到雅尔塔后，有强烈的孤独感。好在那时作家蒲宁也在雅尔塔，他们天天见面，契诃夫甚感欣慰，但蒲宁一走，契诃夫又有了“就留下我一人”的孤独感。在契诃夫去世十年之后的一九一四年，部分契诃夫书简得以公开。蒲宁，这位后来获得诺贝尔文学奖的作家读到契诃夫一九〇一年二月二十三日写给克尼碧尔的信后，百感交集，写下了这样的回忆：

他坚持要我每天一清早就到他那里去。就在那些日子里，我们两人亲近了起来，尽管没有什么特别的举动——我们两人都很矜持，但已经有了深深的友谊。我与其他任何一个作家都没有像与契诃夫那样亲密。在相处的整个过程中，没有出现过任何不愉快的情形。他永远对我彬彬有礼，热心照顾，就像是我的一个兄长——我几乎小他十一岁，但与此同时他从不显示自己的优越，而且总是喜欢我的朋友们。我现在可以这样说了，因为这被他给亲爱的人的书信证实了："蒲宁来过这里，现在他走了——就留下我一人。"

164

致克尼碧尔　1901年3月16日　雅尔塔

我亲爱的，你好！我一定要到莫斯科来的，至于今年是否去瑞典，就说不好了。我已经讨厌东奔西跑的生活，而且我的身体看来也有老态了——你从我这里得到的将不是丈夫而是老祖父。我现在成天在花园里劳作。天气很好，很温暖，花开了，鸟叫了，没有客人，这简直不是生活，而是美食。我已经把文学完全抛弃了，咱们结婚之后，我就要你抛弃剧院，咱们一起生活，像一对农场主。你不愿意吗？那好，你再演上五年戏，到那时再说……

关于普契尔尼柯夫的任命，我已从报纸上获悉，好生奇怪，他怎么愿意担任这个古怪的官职。但《斯托克曼医生》是不会从你们的剧目表上删去的，这是一出倾向保守的戏。

尽管已经丢开文学，但有时还按照老习惯写些什么。我现在在写一个题为《主教》的短篇小说，它的情节已经在我头脑里盘踞了十五年了。

拥抱你一百次，深深地吻你，你这个三心二意的女人。给我写信，写信，我的快乐天使，否则，结婚之后我会敲打你的。

你的老人安东

译者注

克尼碧尔一九〇一年三月十一日给契诃夫的信中，提及普契尔尼柯夫被任命为监管莫斯科私营剧院的官员，她担心《斯托克曼医生》一剧可能将被禁演。契诃夫认为这是多虑。值得注意的是，他把这出易卜生名剧称为“一出倾向保守的戏”。

《主教》是契诃夫后期的短篇小说杰作。契诃夫去世前两年问世的这部小说，写了一个名叫彼得的主教的美丽死亡：“头顶上是广阔的天空，阳光普照，他现在自由了，像鸟一样爱到哪儿去就可以到哪儿去了！”

主教去世后的第二天是复活节。“城里有四十二座教堂和六个修道院，洪亮欢畅的钟声从早到晚在城市上空响个不停，激荡着春天的空气，鸟儿欢唱，太阳灿烂地照耀……”

165

致高尔基　1901年3月18日　雅尔塔

亲爱的阿历克谢·马克西姆维奇，您在什么地方？我早就在等您的长信，但怎么也等不到。您的小说《三人》我读了非常满意——可以说非常非常满意。

你们那里的春天也快来了，那是真正的俄罗斯的春天，而我们这里的克里米亚已春光烂漫。这里的春天如同一个美丽的鞑靼女人——可以迷醉地欣赏她，但不能爱她。

我听说，您在彼得堡，后来在莫斯科都不大愉快。请告诉我这是怎么回事，我就像是个生活在鞑靼人中间的俄罗斯人，所知甚少，几乎一无所知，但预感到很多。

那就等您的来信。

向您的妻子致意，祝她和玛克辛姆一切都好，主要是——身体健康。

祝健康。

您的安·契诃夫

译者注

高尔基于一九〇一年三月末给契诃夫写了封长信，详细叙述了发生在三月四日的沙俄军警镇压彼得堡大学生的血腥情景，赞美了大学生的勇敢："而大学生——是可爱的人，光荣的人！是这些日子里的好汉，因为他们勇往直前……"高尔基在信的末尾祝愿契诃夫幸福，"因为做个幸福的人什么时候也不晚"，因为"您是个好人"。

166

致克尼碧尔　1901年4月22日　雅尔塔

亲爱的，我的出色的克尼普什茨，我没有留住你，是因为我在雅尔塔不舒服，于是想到，反正我很快就会在不受干扰的情况下与你相会。我的杜西雅，不管怎样你也不必生气，我没有什么隐秘的思想，我可以把我心里的一切告诉你。

五月初，我将到莫斯科来，如果可以，我们就结婚，然后去伏尔加河旅游，或者先去伏尔加河旅游，然后再结婚——这就看你觉得怎样更方便。坐上轮船去雅罗斯拉夫或雷宾斯克，再去阿斯特拉罕，从那里再去巴库，再由巴库去巴统……然后我整个冬天或大部分冬天都会住在莫斯科，与你一起住在公寓里。我的咳嗽剥夺了我的热情。我对未来抱消极的想法，写作的劲头也没有了。你想想未来吧，你来替我做主，你说什么我都照办，否则我们就不是在生活，而是在用餐厅的汤匙每过一个小时吞下一块生活……

我会给你发电报，你不要告诉任何人，你一个人到车站来接我。听到了吗？好了，再见，杜西雅，我亲爱的姑娘。不要不开心，不要疑心重重，说句心里话，我没有什么要向你隐瞒的秘密。发发善心，别再生气。深深地吻你，小狗。

你的安东

译者注

一九〇一年年初，契诃夫与克尼碧尔就打算结婚了。直到克尼碧尔接到契诃夫三月十六日的信，读到“你从我这里得到的将不是丈夫而是老祖父”这句，她才在剧院里公开说：“我决定与契诃夫结合。”

167

致克尼碧尔　1901年4月26日　雅尔塔

小狗奥尔加！我五月初到。你一接到我的电报，就立即去“德累斯顿”旅馆，问问四十五号房间是否还没有客人住，也就是说，去定一间较为便宜的房间。

我能经常见到聂米洛维奇，他很亲切，不摆架子，我没有见到他的妻子。我到莫斯科来主要是散散心和吃点美食。咱们去彼得–拉佐姆斯基花园和兹维尼戈罗特走走，如果天气好，我们还可以到处走走。如果你同意与我一起去伏尔加河旅游，我们就可以吃鲟鱼。

库普林看来在谈恋爱，神采奕奕。他爱上了一个健壮的女人，你知道这个胖女人，你还曾建议我娶了她。

如果你保证在婚礼举行之前莫斯科没有一个人知道我们的婚礼，那么我愿意和你结婚，哪怕是在我到莫斯科的当天完婚。不知为什么我非常害怕婚礼，害怕他们向新人道喜，害怕香槟酒，这酒杯一定得拿在手里，而且还要略带微笑。从教堂出来不要回家，直奔兹维尼戈罗特，或者就在兹维尼戈罗特举行婚礼。杜西雅，你好好想想，想想！要知道，人们都说你是个聪明的女人。

雅尔塔的天气很让人讨厌，风吹个不停。玫瑰花开着，但不多，照例鲜花盛开。鸢尾花开得漂亮。

我一切都好，一切，除了一样小事——健康。

高尔基没有被流放，而是被捕了，关在下诺夫哥罗德。波斯也被逮捕了。

拥抱你。奥尔加。

你的安东

译者注

一九〇一年五月二十五日他们在莫斯科一家教堂举行婚礼，在场的只有充任马车夫的新娘的兄弟和叔叔。

彼得-拉佐姆斯基花园和兹维尼戈罗特都是契诃夫钟爱的莫斯科郊外的胜地。

高尔基与另一位作家波斯因支持学生运动而被捕。

168

致叶·契诃娃　1901年5月25日　莫斯科

亲爱的妈妈，祝福我吧，我结婚了。一切照旧。我现在做酸马奶治疗。地址：阿克谢诺沃，沙马罗·兹拉托乌斯托斯克。身体还好。

安东

译者注

母亲接到这份电报，深感讶异，但还是回了祝福的电报："祝福。愿幸福、健康。"

契诃夫没有给妹妹玛莎发电报，倒是新娘克尼碧尔在结婚的这天给她写了信："我们今天结婚……玛莎，别忘记我，要爱我，需要这样，因为我们要一辈子在一起。向母亲问好，告诉她，如果她因为安东的婚事而哭泣和痛苦，我将非常难过。"

契诃夫早在五月二十日，就给妹妹写信暗示过他可能要结婚，玛莎赶紧复信，力劝哥哥不要结婚："现在请允许我说说对于你婚事的看法。对于我个人来说，婚礼是可怕的！对于你来说，这多余的紧张，也没有好处。如果人家爱你，就不会抛弃你，这里不存在牺牲者，从你这方面说，也不存在丝毫自私自利的问题……以后再结婚也为时不晚。你把这层意思转告给克尼碧尔。首先要想到的是你的健康。看在上帝的分上，你千万不要以为我说这些是出于私心。对于我来说，你永远是我最亲近、最珍贵的人，除了你的幸福之外，我没有其他的考虑……你自己就经常劝我不要有先入之见！我的上帝，我该怎么度过没有你的两个月，而且还是在雅尔塔！……如果你不赶紧回复我这封信，我会很难过。向'她'问好。"

契诃夫没有听从妹妹的劝告，也没有“赶紧”回信，直到结婚之后一个星期的六月二日，才在蜜月旅行途中的阿克谢诺沃给妹妹写了信。

169

致玛·契诃娃　1901年6月2日　阿克谢诺沃

亲爱的玛莎，你好！一直想给你写信，但总是拿不起笔，有好多事情缠着我，当然都是些小事。我结婚的消息想必你已经知道。我想，我的这个举动丝毫不会改变我的生活和我在这之前所处的环境。母亲大概已经说过一些只有上帝知道的话，但请你告诉她，什么改变也不可能发生，一切照旧。我将像以前一样生活，母亲也是这样，而对于你，我依然怀抱着不变的良好的亲切态度，像过去一样……

我的身体还可以，甚至现在还很好，不太咳嗽了。七月底我将到雅尔塔，在那里一直住到十月，然后去莫斯科，在那里住到十二月，然后再回雅尔塔。这样，我和妻子只好两地分居——我已经习惯。

雅尔塔的天气如何？你在的时候下过雨吗？伊万来过了吗？他没有病，感觉不好，是因为他过于疲劳。他需要休息。

我很快还会给你写信，现在先祝你健康。向母亲深深鞠躬，她的电报已收到。也向玛柳什卡、玛尔芙莎和阿尔谢尼亚问好。

这里没有地方游泳。可以钓鱼，但很远。

好了，上帝保佑你。

你的安东

译者注

后来发生的事情证明，契诃夫这封信没能取得安抚妹妹的效果。玛莎甚至在给克尼碧尔的信中指责她："我亲爱的奥列契卡，只有你一个人把我哥哥弄昏了头……你突然间成了《三姐妹》里的娜塔莎！"

按：娜塔莎是契诃夫《三姐妹》一剧中粗暴庸俗的嫂子。

后来姑嫂两人也没有"尽释前嫌"。她俩都享有高寿，一九五四年俄罗斯纪念契诃夫逝世五十周年，巴金在莫斯科和雅尔塔先后与克尼碧尔及玛莎·契诃娃会面，向这两位契诃夫生前最为亲密的女人表达了由衷的敬意。

170

致高尔基　1901年7月24日　雅尔塔

亲爱的阿历克谢·马克西姆维奇，请原谅我很久没有给您写信，这有一个合理的也是讨厌的理由——我病了！在阿克谢诺沃感觉还可以，甚至很好，一到雅尔塔就开始咳嗽，人也瘦了，看来，我的预后不会太好。在您最近一封信中提到一点，要我做答，那就是有关我的作品与马尔克斯的关系问题。您写道：收回版权。但如何收回？钱我都已收下，而且几乎都已花完。我借不到七万五千卢布，谁也不会借我，而且也没有去纠缠这件事的兴趣，不想去为此打架，去奔走，既没有意愿，也没有精力，更没有需要去这样做的信念。

我在为马尔克斯看校样，有些地方我要重写。咳嗽似乎轻一点了。我的妻子很善良，对我关怀备至，所以我感觉很好。

九月份我去莫斯科，在那里住到十一月中旬，如果气候允许的话。然后去克里米亚或出国。非常非常想见到您，非常！请来信，说说您准备上哪去，秋天之前会在哪里，秋天是否能有机会与您见面。

您什么时候把《三人》结尾寄来？您答应过的，别忘了！我妻子的叔叔，一个德国血统的医生，对包括列夫·托尔斯泰在内的所有俄国作家都表示厌恶，但突然间却为《三人》而入迷，到处都在夸奖您。斯基塔列茨在哪儿？这是个好作家，如果他受辱，那是很让人伤心的。

给我写信，哪怕就一两句，亲爱的，别偷懒。向您的妻子和孩子问好，让上帝保佑他们一切都好。

雅尔塔的天气很好，正在下雨。

紧握您的手，祝一切都好，尤其是成功和健康。拥抱您。

您的安·契诃夫

译者注

契诃夫以七万五千卢布的价格将全部版权卖给马尔克斯，引起高尔基的激烈反对。他在六月二十七日的信中把这位德籍出版商称为“骗子手”，把这笔交易称做“抢劫”，建议契诃夫解除合同。但契诃夫“不想为此打架”，“既没有意愿，也没有精力”。这是温和的契诃夫与激进的高尔基的不同之处。

在这封信中，高尔基也提到了作家斯基塔列茨：“我的朋友，那一系列激动人心的诗歌的作者，现在还关在监牢里，这是我心中的一块石头。”

171

致玛·契诃娃　1901年8月3日　雅尔塔

给玛丽娅·巴甫洛芙娜·契诃娃：

亲爱的玛莎，我现在立下遗嘱：我死后雅尔塔的别墅以及全部戏剧版税由你支配，古尔祖弗的别墅外加五千卢布则由我的妻子奥尔加·列奥纳尔道芙娜享有。如果你愿意，不动产可以变卖，给亚历山大三千卢布，给伊万五千卢布，给米哈依尔三千卢布，给多甫仁科一千卢布，叶琳娜如果出嫁，也给她一千卢布。在母亲和你去世以后，全部财产（除了剧本版税）捐赠给塔甘罗格市政府用作家乡教育基金，剧本版税收入则归伊万，而伊万去世之后，也捐献给塔甘罗格市政府用作家乡教育基金。我答应过给梅里霍沃的农民一百卢布——用于支付修路费，也答应过加甫利依尔·阿历克谢耶维奇·哈尔钦科（哈尔科夫市，莫斯卡列夫卡村）支付供他大女儿上中学的全部费用，直到她不再缴学费为止。帮助穷人，爱护母亲，全家和睦。

安东·契诃夫

译者注

契诃夫度完蜜月于一九〇一年七月一日回到雅尔塔，痛苦地发现，母亲和妹妹对他的婚事颇有异议，对新娘更是心存戒心。与此同时，他一到雅尔塔，又开始咳嗽，人也消瘦了，自知身体在快速地走下坡路，便拟写了这份经过公证的遗嘱，暂留妻子手中，待他死后再交给妹妹玛丽娅。遗嘱中把所有的家庭成员都照顾到了。亚历山大是哥哥，伊万和米哈依尔是弟弟，多甫仁科是堂弟，叶琳娜是堂妹。契诃夫把最终的遗产归属都交给了家乡塔甘罗格。遗嘱的结语令人难忘——“帮助穷人，爱护母亲，全家和睦。”

172

致克尼碧尔　1901年8月24日　雅尔塔

我亲爱的杜西雅，收到了你寄来的一封信和两张明信片，谢谢！

你是善良的好人，我爱你，爱你。今天早晨我头痛，简直要开裂。从早到晚（昨天也是这样）来客不断，没法工作。其中也有几个讨人喜欢的，如道洛什维奇，一个医生，还有从彼得堡来的一个叫列福尔乌茨基的。

地毯已铺上，很舒服。要改造一下炉子。用过我们带来的灌水器之后，玫瑰花开得很好。

我九月去莫斯科。没有你我很寂寞，我像一个孩子似的依恋着你，没有你，我不舒坦，觉得冷。

中学女校长和玛涅法来过了。天正在下雨。新的厨娘玛莎，是个波兰姑娘，做菜做得好，这三天我们总算完全像个人样地吃了午饭。他们在给我打扫房间，阿尔谢尼今天洗了床单。昨天塔塔利诺娃来过——我写信告诉你了吗?

你信里说："每当我想起你的隐隐的忧伤，这忧伤深深地埋在你的心上，我的心就开始疼痛。"杜西雅，这是瞎说！我完全没有什么忧伤，我现在感觉很不错，如果你在我身边，就更好。

告诉我，他们是怎样在剧院迎接你的，剧院里在上演什么戏，还有什么戏要上演，九月十五日之前你在那里做什么。信写得长一些，别偷懒。我给你的信写得很长，但我的字体小，所以显得短。

曾经冷过，现在开始转暖。很安静，玫瑰在盛开，一句话，不是生活，而是果子酱。

拥抱我的好妻子，亲吻你，祝福你，要求你别忘了我，给我写信，常常想起我。我到来之后，要整整吻你一个小时，毫不间断，然后去澡堂洗澡，去理发，然后吃午饭，然后是晚上，然后是上床睡觉。怎么样？我的杜西雅！《休闲》杂志上登的你那张照片很不雅观！噢，噢！

吻你的两只手。

你的安东

173

致克尼碧尔　1901年9月3日　雅尔塔

奥尔加，亲爱的，你好！昨天没有给你写信，因为，第一，客人很多；第二，客人一走，我就坐下来写小说，没有时间写信。

谢谢你，我的开心果，母亲很喜欢你写给她的信，自己读了，又让我出声地读给她听，夸了你好久。你在给我的信里说到了自己的妒嫉，这也许有根据，但你是个聪明的女人，你的心是如此善良，你在信里所说的妒嫉，与你的个性是不合拍的。你在信里说，玛莎永远不会接纳你等等，这全是瞎话！你一直在夸大其词，说些蠢话，你若与玛莎吵架，天知道会有什么结果。我现在对你说：忍耐一年，沉默一年，就一年，此后你就能看明白了。不管有人对你说了什么，不管你有什么想法，你沉默，沉默。对于那些新婚男人和女人来说，在最初的隐忍中，隐藏着全部的生活享受。杜西雅，听话，做个聪明的女人！

译者注

这一大段对于克尼碧尔的劝解，源于妻子一九〇一年八月三十日的来信。信中说："大概，你们家里没有一个人会有一句话来怀念我吧？大家都不说，好像是忌讳谈论一个伤疤……我永远会站在你和你妹妹之间。而我感觉到她永远不会像接纳你的妻子那样地接纳我……"后来妹妹为了哥哥的平静生活，事实上接纳了嫂嫂。

174

致克尼碧尔　1901年9月7日　雅尔塔

我九月十七日到，因为我是十五日离开雅尔塔的，这已经确定无疑了。说到做到。你将会收到我的电报："星期一"，这意味着我是在星期一早晨到。

我今天的身体很棒，如果不是有点咳嗽就更棒了，过几天可能就不咳嗽了。

你那封因为房子而叫苦不迭的信我收到了，我不明白，你为什么要如此激动。房子，大概是很好的，而如果面积小一些，那算什么灾难？我的杜西雅，心放宽一点。

刚刚奥尔列涅夫到我这里来过。

这么说，我们很快就能相会了。现在雅尔塔的天气真好，但我还是想离开。我太想见到我的小狗了。

吻你，德国女人[1]。

你的安东

亲爱的，别紧张，不管发生什么事情，也不要紧张。因为就像人们所说的，这个世界上的一切都在向好的方向发展。真正是一切。

星期一一下火车我就直奔澡堂，然后整天坐在家里。而星期二与你逛街，跟着你走。

我还是不知道新居的名称。我没有地址。

175

致蒲宁　1901年9月11日　雅尔塔

明天星期三我不能去古尔祖弗，因为下午一点我要去加斯普尔看列夫·托尔斯泰。需要去看望他。详情待下次见面告知。

您的安·契诃夫

译者注

契诃夫的作家好友蒲宁这时正好也在克里米亚，他俩常常见面

1　克尼碧尔有日耳曼血统。

叙谈。契诃夫九月九日给克尼碧尔的信中说："蒲宁每天都来看我。"

列夫·托尔斯泰于一九〇一年九月五日离家来克里米亚养病，住在加斯普尔的一处庄园。契诃夫于九月十二日看望了托尔斯泰。契诃夫非常关心托翁的病情，一到莫斯科，就于九月十八日给莫斯科的著名内科医生舒罗夫斯基教授写了封信，要求与他见面，和他讨论托尔斯泰的病情。

而在九月二十四日给高尔基的信中，契诃夫也说起了托尔斯泰的病："他衰老了许多，他主要的病就是衰老，这衰老已经控制了他。"

176

致高尔基　1901年9月24日　莫斯科

亲爱的阿历克谢·马克西姆维奇，我现在在莫斯科，也在莫斯科收到了您的信。我的地址：斯彼里道诺夫卡，鲍依采夫大院。离开雅尔塔之前，我去了列夫·尼古拉耶维奇那里，见了他。他非常喜欢克里米亚，在他心中激起了孩童般的欣喜，但他的身体很让我担心。他衰老了许多，他主要的病就是衰老，这衰老已经控制了他。十月份我将重返雅尔塔，如果您也能来就好了。雅尔塔的冬天人不多，没有让人讨厌的人，不妨碍工作，这是其一；其二，没有人交流，列夫·尼古拉耶维奇明显很寂寞，我们可以一起去看望他。

亲爱的，把剧本写完吧。您觉得剧本写得不好，但您不要相信自己的感觉，它是骗人的。通常在写剧本的时候，会觉得不很满意，还是让别人去评判和做出决定好了。只是写好之后不要给任何人看，而是直接寄给莫斯科的聂米洛维奇或是由我转交莫斯科艺术剧院。以后如有不合意的地方，可以在排戏的过程中修改，甚至到上演前夕改也来得及。

您有《三人》的尾声部分吗？

附上一封完全没有必要的信。我也收到了同样的信。

好了，上帝保佑您。祝您身体健康，您作为一个阿尔扎马的居民，也是幸福的。向叶卡捷琳娜·巴甫洛芙娜和孩子们问好。

您的安·契诃夫

译者注

“剧本”是指高尔基的戏剧处女作《小市民》。高尔基回信说：“我的剧本已写完。”阿尔扎马是沙俄政府当局指定给高尔基的暂居地。

177

致高尔基　1901年10月22日　莫斯科

亲爱的阿历克谢·马克西姆维奇，我读您的剧本，已经过去了五天，之所以没有给您写信，是因为我一直在等剧本的第四幕，但一直没有等到。所以我只是读了前三幕，但我想，即便如此也可以对剧本做出评价了。就像我们期待的那样，剧本写得很好，很独特，很有趣，有高尔基风格。如果要谈缺点，暂时我只能指出一条，但这是一个无法纠正的缺点，就如同棕黄头发的人长出来的必定是棕黄头发——这个缺点就是形式上的保守。您强迫所有人物照着半新不旧的老调来唱新歌。您有四幕戏，剧中人物高谈阔论，又不敢说得痛快。还有其他的一些欠缺，但所有这些缺陷不是主流，而是都淹没在剧本的优点中了。毕尔契卡，写得活灵活现！她的女儿很迷人，塔吉亚娜和彼得也很出色，他们的母亲是个极有趣的老太太。剧本的中心人物——尼尔，极其出色，极其有趣！总而言之，剧本一开始就把人吸引住了。但是，上帝保佑，毕尔契卡这个角色只能交给阿尔提姆来演，而尼尔一角务必得让斯坦尼斯拉夫斯基扮演。这两个人物就像天造地设的那样完美。彼得只让梅耶荷德来演。只是应该把尼尔这个好角色的分量再加重一倍，应该让这个角色来结束全剧，让他成为剧本的主角。但不要把尼尔和彼得及塔季雅娜二人对立起来，他是他，他们二人是他们二人。他们都是有各自独立意志的优秀人物。当尼尔力图显示自己比彼得和塔吉亚娜高出一头，说自己如何如何，便会失去诚实工人应有的谦虚品德。他夸口，他争辩，但如没有这些，大家也知道他是个什么样的人。就让他欢笑好了，就让他在整个四幕戏里淘气好了，就让他在工作之余食欲大增好了，这已经足以把观众吸引住了。我再说一遍，彼得写得很好，你自己大概都不知道他有多好。塔季雅娜也精彩。但是，首先需要让她真是个小学教师，她给孩子上课，从学校回来，摆弄课本和作业本；其次，应该在第一幕或第二幕就让她说有服毒的想法，这样，她在第三幕的服毒就不显得突兀。捷捷列夫说得太多，这类人物拟断片式加以表现，因为无论在生活中还是在舞台上，这类人物比比皆是。您应该让叶莲娜在第一幕和大家吃饭，就让她坐着，说着笑话，否则她太不显眼。她和彼得倾诉衷肠，过于生硬，显得唐突。您把她表现成一个有激情的女人就好了。如果不是一个爱上了什么人的女人，也是一个想爱上什么人的女人……

译者注

在这封信里，契诃夫对高尔基的《小市民》提了非常具体的修改意见，高尔基回信说："我读了您的信非常高兴，对您提出的意见更是非常满意。"后来，他按照契诃夫的意见做了剧本修改。《小市民》十二月初在莫斯科艺术剧院演出，大获成功。

契诃夫在信中指出了高尔基短时间还无法改正的缺陷——"形式上的保守"，而契诃夫从一八九五年创作《海鸥》开始，便在戏剧形式上做了革新。

178

致克尼碧尔　1901年11月2日　雅尔塔

我亲爱的小狗，你好！你在信中问起天气如何，大雁如何，莫加比山如何。天气很温暖，但有雾；莫加比山就隐藏在雾中；关于大雁，我已在信中对你说了，有两只。花园很好看，菊花开了，玫瑰花也开了，一句话，生活很美好……

我现在非常希望你生一个有一半日耳曼血缘的小孩，他能让你开心，能充实你的生活。需要这样，我的杜西雅！你怎么想？

我像一个僧侣那样活着，我只能在梦中见到你，尽管我已经四十岁，羞于示爱了，但我还是忍不住再一次对你说，我爱你，爱得深沉和温柔。

吻你，抱你，把你拥入我的怀抱。

祝健康、幸福、快乐。

你的安东

179

致克尼碧尔　1901年11月6日　雅尔塔

好的，我的开心果，昨天我去看望了托尔斯泰。他躺在床上，稍稍碰伤了脚，现在卧床静养。他的身体情况有了好转。但现在毕竟只是十月末梢的几个暖日，而寒冬已经临近，临近！我的到来显然让他高兴，而我不知为什么这次见到他也特别高兴。他的表情是亲切的，尽管是老年人的亲切，或者更准确地说——长者的亲切。他开心地听我说话，自己也乐于发表看法。他依旧喜欢克里米亚。

巴尔蒙特今天到我这儿来了。他现在去不了莫斯科，不让他去，否则他能在十二月份去看望你，你也可以给他弄到你们剧院正在上演的所有剧目的戏票。他是个好小伙子，我早就和他相识，我把他看作朋友，他也把我看作朋友。

译者注

契诃夫也把十一月五日去看望托尔斯泰的情形说给了蒲宁听。蒲宁的回忆录里有如下记载：

沉默了一会儿，他突然发出了欢快的笑声。

“您知道吗，不久前我在加斯普尔看望了托尔斯泰。他在床上躺着，但说了好多话，也说到了我。我正要起身告辞，他拉住了我的手，说：‘吻吻我。’吻过之后，他突然迅速地把嘴凑到我耳边，用老年人的急促语调说：‘但我还是不能容忍您的剧本。莎士比亚写得很坏，而您写得更糟！’”

按：巴尔蒙特（一八六七—一九四二），俄国诗人，代表作有《我来到这个世界是为了看见太阳》（一九〇三）等。

180

致克尼碧尔　1901年11月9日　雅尔塔

你好，我的杜西雅！今天的天气出奇的好：温暖，晴朗和宁静——像夏天。玫瑰花开了，丁香花开了，菊花开了，还有其他一些黄色的花。

罗克萨诺娃还演《海鸥》？不是说在找到新演员之前停演此剧吗，怎么又是罗克萨诺娃！从寄来的剧目表中见到还有《伊万诺夫》。我觉得这是白费劲，这个戏你们会演砸的，因为在观众提不起观剧兴趣的情况下，戏是演不好的。

我将所有的优秀作家都动员起来为莫斯科艺术剧院写戏了。高尔基已经写成了，巴尔蒙特、列昂尼德·安德列耶夫、捷列晓夫等已经动笔在写了。你们可以考虑给我报酬，一人一个卢布也好。

给你写信已经完全不能满足我的需求。在你我经历了这一切之后，书信往来已经不够，需要继续生活在一起。我们不能生活在一起，这简直是作孽！但这也就是说说罢了。

上帝保佑你，我祝福你，我的德国女人，你很快乐，我也高兴。深深地吻你，深深地。

你的安东

译者注

契诃夫特别不满意《海鸥》中饰演妮娜的罗克萨诺娃，后来由安德列耶娃取而代之了，后者成了高尔基的妻子。

契诃夫动员了几位优秀的作家和诗人，为莫斯科艺术剧院写剧本。“考虑给我报酬”是玩笑话，其实，这家剧院给契诃夫的演出版税是非常丰厚的——八万卢布。一八九八年后契诃夫全家的生活来源主要是靠这笔钱。

非常想永久团聚但又做不到（因为克尼碧尔要在莫斯科演戏，契诃夫又不能在莫斯科过冬），这是契诃夫夫妇无解的纠结。

181

致克尼碧尔　1901年12月7日　雅尔塔

我的女演员，你为什么不听丈夫的话？为什么不对聂米洛维奇说，让他把《小市民》的最后一幕寄来？杜西雅，对他说！啊，这是多么扫兴，多么不合时宜，你竟然不能到雅尔塔来过圣诞节。我觉得我们下次见面将是在好几年之后，那时我们都老了。

刚刚我和托尔斯泰通了话，我在电话里为他读了高尔基中篇小说《三人》的结尾。很奇怪的是，如果这不是高尔基的手笔，那么谁也不去读它了，至少我是这样认为的。

而我，我的杜西雅，近来身体不适。服了蓖麻油，觉得稍好，还在咳嗽，没有干活。现在感到好了一些，明天大概得工作……

孤独似乎非常影响我的食欲。米留莎，我们什么时候能在一起？我什么时候能见到你？哪怕你能在节日期间过来一天，这也让人无比高兴呀。随你便吧。

这封信是昨晚写的，明天寄出。你总是参加各类宴会和庆典——杜西雅，我高兴，我喝彩。你是聪明的女人，你是可爱的女人。

好了，上帝保佑你。无数次地吻你。

你的安东

译者注

这是一封情绪非常低落的信。此前，契诃夫一直期待着克尼碧尔来雅尔塔过圣诞节的三天假期，但这个愿望落空了。“你总是参加各类宴会和庆典——杜西雅，我高兴，我喝彩”，话里有话，在莫斯科的妹妹已经向雅尔塔的哥哥写信告过状，说克尼碧尔常常在外面参加一些聚会，深夜才归。

契诃夫对高尔基青眼看待，在一九〇一年十一月十七日写给克尼碧尔的信里，契诃夫说高尔基是个“正派的、知识分子气质的和善良的人”。他常向人推荐高尔基的小说《三人》。但在这封信里他发了感慨，这样的佳作因为是出自已经成名了的高尔基之手，所以才有人读。

182

致米拉留波夫　1901年12月7日　雅尔塔

在《新时报》上我读到了警官罗扎诺夫的文章，从中知道您有了新的职务。我亲爱的，您要是知道我有多么沮丧就好了！我以为，您应该立即离开彼得堡，或是去涅尔维，或是去雅尔塔，总之要离开。您这么个正直的好人，与罗扎诺夫之流有什么共同之处？我想写好多好多，但最好就此打住，更不要说，现在读信的不是理应收到信的人。我只想说，您要关注的，不是被遗忘了的老话，不是唯心主义，而是意识到自己的清白，也就是您自己心灵的完全自由，自由于一切已经忘了的和没有忘记的老话，自由于各种唯心主义，和各种各样的让您听了云山雾罩的话。需要相信上帝，如果没有这个信仰，那也不要让奇谈怪论来取代这个信仰，而是应该探索，探索，探索，独自进行探索，和自己的良心一起进行探索……

祝健康！如果来这里，就写信告知。这里有托尔斯泰，这里有高尔基，我想，您不会感到寂寞的。

没有其他新消息。紧握您的手。

您的安·契诃夫

译者注

维·米拉留波夫（一八六〇—一九三九）是《大众月刊》编者，契诃夫的友人。契诃夫读到《新时报》（一九〇一年十二月九日）上罗扎诺夫的题为《宗教哲学语录大全》的文章，得知彼得堡成立了一个宗教哲学协会，他的朋友米拉留波夫也在该协会理事之列。契诃夫遂写信劝他别与那些无聊文人纠缠在一起。

183

致克尼碧尔　1901年12月30日　雅尔塔

没有你我很寂寞。明天我将故意一到晚上九点钟就上床睡觉，为了不要听到新年的钟声。没有你，就意味着什么也没有，什么我也不再需要。

天气也变坏了，刮着风，觉得冷，飘着小雪。显然，冬天来了。我会给聂米洛维奇写信。

我的杜西雅，给我写信，求求你了！我已经向你祝贺过新年了吗？没有吗？如果是这样，我就深深地吻你，在你耳边说点痴话。

别忘了你的丈夫。他可是爱生气的人，他会打架的！

好了，我拥抱我的老婆。

丈夫安东

译者注

契诃夫一直希望克尼碧尔能来过圣诞节，但没有等来，因为妻子要在莫斯科登台。妻子甚至怀疑，契诃夫是否因此对她的演员职业有了想法，但其实他很看重她的演员身份，所以在一九〇一年十二月二十九日的信中，契诃夫一开头就要打消妻子的疑虑："杜西雅，你是个傻女人。结婚之后，我没有一次因为你是演员而指责过你，相反，我为你高兴，你有生活的目标，而不像你的丈夫那样只说不做。"

184

致巴尔蒙特 1902年1月1日 雅尔塔

亲爱的康士坦丁·德米特利耶维奇，恭贺新禧，新年有新的幸福，有年轻美丽性感的缪斯女神的新的娇嗔！让上天保佑您！

您在身边的时候，我身体稍感不适，但还是挺过来了，可是您一走，我又病了，开始咯血，瘦得像福法诺夫[1]。一直没有出门，现在他们让我吃饱喝足，给我治病，我也病好了……

谢谢您送我的书。我现在不工作，光读书，明后天我就读爱伦·坡。

您在农村寂寞吗？不寂寞？雅尔塔的天气完全像夏天，而这不好。整夜听到猫叫和狗吠，能梦见墓穴；而白天太阳照得刺眼，

1 福法诺夫（一八六二—一九一一），诗人，身材精瘦。

回忆折磨着人，让人渴望寒冷，渴望北方的人们。

妻子答应一月底来。妹妹回来过节了。我没有去托尔斯泰那边，过两天去，问问他，再告诉您。我听说，您给他留下了很好的印象，他乐于和您交谈……这我是听到的。

没有什么新闻了，一切都照旧。祝您健康、幸福、快乐，别忘了在雅尔塔住着一个很想念您的人，写信给我吧，哪怕偶尔写写。

您的安·契诃夫

译者注

巴尔蒙特送给契诃夫的书，是他翻译出版的美国作家爱伦·坡（一八〇九—一八四九）的小说。巴尔蒙特送给托尔斯泰一本自己的著作《燃烧的房子》，托契诃夫问问托尔斯泰对这书有什么意见。

185

致玛·契诃娃　1902年1月12日　雅尔塔

我今天收到了电报的抄本："第八次俄国医生代表大会的代表，您的医生同行今天有幸在艺术剧院观看了《万尼亚舅舅》的演出，谨向我们挚爱的剧作者和同行致以热烈的敬意，祝您健康。”以下是签名。

另一份电报：“来自俄罗斯穷乡僻壤的乡村医生，观看了医生/艺术家的艺术作品的演出，向同行致敬，他们将永远记住一月十一日这一天。”以下是签名。

译者注

一九〇二年一月十一日，莫斯科艺术剧院邀请正在莫斯科参加第八次俄国医生代表大会的与会者观看契诃夫的《万尼亚舅舅》。演出后，看过戏的医生们给契诃夫发去两份电报。契诃夫一定被这两份电报感动了，把电文内容转述给正在莫斯科的妹妹听。

剧院选择《万尼亚舅舅》给医生大会的代表观看，显然也是有考虑的。因为这个戏里有个重要人物——阿斯特洛夫医生。契诃夫的一句经典名言就出自他之口：“人的一切都应该是美的，无论是面孔、衣裳，还是心灵、思想。”

186

致克尼碧尔　1902年1月20日　雅尔塔

我的杜西雅，你是一个愚蠢的女人！你埋怨些什么？你在信上说：一切都烟消云散了，你分文不值了，你的信让我厌烦了，你吃惊地发现你的生活渺小了，等等，等等。你是个傻女人！我没有写信对你说未来的剧本，不是因为像你所说的我不相信你，而是因为我对那个剧本还没有信心。它刚刚在我脑子里有点闪光，就像清晨的第一缕阳光，连我自己都不清楚它将来是个什么样子，它每天都有变化。如果我们见了面倒可以与你说说，而写信是不行的，因为写不明白，结果反而让你对剧本失去兴趣。你在信中说，你再也不过问，再也不干预我的事，我的杜西雅，你干吗这样？不，你是个善良的女人，你只消情绪恢复平静，你就能知道，我是多么爱你，你对我来说是多么亲近，我是如何不能没有你，我的傻女人。别郁郁寡欢！开心一点！我倒可以闷闷不乐的，因为我生活在一片沙漠里，无事可干，见不到人，几乎每个星期都要病一次，而你呢？你的生活毕竟还是很充实的……

你在信上说：别难过，我们很快要见面了。这是怎么回事？在复活节前的一个星期见面？或是再早一点？亲爱的，别让我紧张。你去年十二月写信说我们今年一月能见面，让我很激动，然后你又说要到复活节前一个星期才来，我就强迫我的心平静下来，而现在你突然间又掀起了巨浪，为什么？……

我的妻子，我金子般的好妻子。让上帝保佑你，祝你健康、快乐，想想你的丈夫，哪怕是在晚间躺到床上之后。

主要的是，别气恼。你的丈夫毕竟不是酒鬼，不是笨蛋，也不是流氓，按自己的行为，我完全是个日耳曼式的丈夫，甚至穿着长衬裤上街……

抱你一百零一次，吻我的老婆无数次。

你的安东

你说："不管头往哪伸出去——都会碰壁。"你往哪里伸出去了？

187

致克尼碧尔　1902年2月13日　雅尔塔

杜西雅，小狗！我不会到码头上去接你的，因为天大概会很冷。别担心，我会在书房里迎接你，然后一起吃晚饭，再做一次长谈。

昨天意外地接到苏沃林的信，这是在三年的沉默之后。信中他大骂剧院，大捧你，因为他不好意思把你也骂一通……

信寄到雅尔塔不是三天之后，而是五天之后。我这封信二月十三日寄出，你将在二月十七日或十八日收到。你瞧！我明天还给你写一封信，然后就不写了！稍等片刻，我就履行自己丈夫的职责。

你到了之后，请你别谈饭菜的事。这没有意思，特别是在雅尔塔。自从玛莎走了之后，一切都恢复原样，没有别的办法。

我在读屠格涅夫。这位作家过世之后，他的八分之一或十分之一的作品能留下，其他的作品在二十五年或三十五年之后就都进档案馆了。难道无聊的画家契恰戈夫也让你着迷过？哟，哟！

马洛佐夫为什么要让这些花花公子进他家门，为什么？要知道他们吃饱喝足走出他家门之后，会像嘲笑傻瓜那样地嘲笑他。换了我，会用鞭子把这帮家伙赶走的。

我这里香水不多，花露水也不多。

吻我的杜西雅，我的看不够的妻子，急不可待地等着你。今天是阴天，不暖和，无聊，如果不想着你，不想着你的到来，我就只好借酒消愁了。

好了，拥抱我的德国女人。

你的安东

译者注

这之前，契诃夫收到了剧院经理聂米洛维奇保证在二月二十一日“放行”克尼碧尔的电报，就处于即将与爱妻欢聚的喜悦之中，写的信也透着浪漫的欢乐。唯有这封信反映了契诃夫的坏心情，那是因为他收到了克尼碧尔二月三日写来的信。她在信中写到了参加马洛佐夫家庭舞会的情况，提到了在舞会上见到的几个社会名流的名字，包括画家契恰戈夫：“我在舞会上见到了契恰戈夫……我喜欢他的画。”契诃夫对莫斯科巨富马洛佐夫没有敌意，马洛佐夫是斯坦尼斯拉夫斯基的金主，莫斯科艺术剧院的剧场就是他出资兴建的。契诃夫是个有智慧的人，心里明明对妻子参加这样的私人舞会不满，但却说“马洛佐夫为什么要让这些花花公子进他家门”。

在这种坏心情的支配下，当时文坛地位仅次于托尔斯泰的屠格涅夫也遭了殃，契诃夫预言他的大部分作品将被时间淘汰。当然，契诃夫一直对屠格涅夫评价不算高。

188

致克尼碧尔　1902年2月28日　雅尔塔

我的妻子，亲爱的米留莎，到家了吗？我很担心，心里七上八下。你的脚伤和这糟糕的天气，让我今天整天心神不宁，只要收不到你的信，我不会放下心来的，怎么样？什么？杜西雅，看在上帝的分上，尽可能详细地告诉我。亲爱的，写信给我。天气依然很冷，很糟，我脑子里想象着你正冷得缩成一团发脾气的样子。

杜西雅，快快过来。我不能没有妻子。

信写得详细一些，你们去彼得堡演出的情况如何，是否成功，等等。如果见到米拉留波夫，就对他说，我今天已经收到他发来的电报。

今天得知，哈尔科夫的基尔什曼教授的儿子去世了，我和这位教授是在尼斯时认识的。

正下着雪。天暖和了，就去执行你的命令——理发。至于洗澡，我不知该怎么办了，大概得到莫斯科去解决洗澡的问题。请来信告知：怎么摆弄澡盆让它热起来？

我总觉得，你一路上丢了不少钱，现在已经身无分文。我现在郑重地对你说：向聂米洛维奇要钱，想拿多少就拿多少，无须告知我。别欠债，别当吝啬鬼。

当你忧伤的时候，你就想，你有个丈夫，一个虔诚地爱着自己妻子的丈夫。如果病了，那就立即到我这边来，我会侍候你的。

好了，吻你，拥抱我的小狗，记住我。

你的修士司祭安东

译者注

克尼碧尔一九〇二年二月二十二日到雅尔塔，二月二十八日离去。夫妻二人团聚了整整五天。契诃夫把离别四个月后的五日聚首，称作“饿了四十天后吃到的一勺牛奶”[1]。

关于“向聂米洛维奇要钱”：契诃夫在莫斯科艺术剧院的戏剧版税都在剧院经理聂米洛维奇那里。先前克尼碧尔问过契诃夫是否可以向聂米洛维奇要钱，契诃夫的回答是：“你想拿多少就拿多少。”

---

1 基督徒在复活节前须守斋四十天。

189

致克尼碧尔　1902年3月9日　雅尔塔

我的杜西雅，我的小昆虫，今天从报纸上得知你们演出成功，知道《在理想中》的演出盛况，也读到了关于《三姐妹》的电文。最后，读到了你让我伤心的来信。看来，斋戒后将是个跛脚的妻子来与我相会。收到了从彼得堡寄来的一包报纸，但地址不是你的笔迹，贴了一张两戈比的邮票。报纸上说在《在理想中》一剧里有契诃夫的影响存在，这是瞎说一气！

天空阳光灿烂，没有雨。我还没有决定夏天我们到哪里去旅游，不想再去喝酸马奶了，再说，我咳嗽少了，身体见好。我现在倒想去北极走走。

你那天一走，就有一群女士蜂拥而至。有女子中学的校长、芭涅耶和纳杰日达·伊万诺芙娜。所有女士的脸上有一样的微笑，好像是说：她们不想来打扰我们二人！好像这五天时间我们都是光着身子在做爱似的……

你以为高尔基会拒绝荣誉院士的称号？你为什么这样想？恰恰相反，我想他会因此而高兴。

我如果明天收不到你的信，我就摔茶杯。

好了，我的淘气的小媳妇，祝你健康，一百万次地抱你吻你。

你的丈夫：德国人安东

190

致克尼碧尔　1902年3月11日　雅尔塔

妻子，你好！……很遗憾，莉莉娜不演了，由我的偶像蒙特替代她演出！

今天没有收到你的信，这不好。写信给我说说，莉莉娜是否还会演，她怎么回事。向所有人问好，包括聂米洛维奇，告诉他，我已经收到他的照片。谢谢。

今天的报纸上登了一则与高尔基相关的奇怪电文。

好了，我的杜西雅，祝你健康和幸福。我爱你，将来还要爱你，尽管你已经由一条狗变成了一只鳄鱼。吻你一千次。

你的安东

译者注

《三姐妹》里的娜达莎一角原是由斯坦尼斯拉夫斯基的妻子莉莉娜出演，后因莉莉娜生病，改由蒙特扮演。这倒无关宏旨，因为蒙特虽然没有莉莉娜的名气大，但她是契诃夫喜欢的女演员。

契诃夫当天在报上读到了“与高尔基相关的奇怪电文”。这则电文的内容是：“推举阿历克谢·马克西姆维奇·彼什科夫（笔名马克西姆·高尔基）为科学院荣誉院士称号的决定被取消。”“推举”是科学院相关委员会投票的结果，“取消”则是沙皇政府最高当局的一道旨令。是默认沙皇的“旨令”，还是声援高尔基，契诃夫面临着抉择。

191

致柯罗连科　1902年4月19日　雅尔塔

亲爱的符拉基米尔·加拉克季奥诺维奇，我的妻子从彼得堡过来，高烧三十九度，很虚弱，全身酸痛。她走不了路，从轮船下来时，是由人抱着走的……现在好了一些……

我没有把声明交给托尔斯泰。当我对他说起高尔基和科学院的时候，他说了一句："我不认为自己是院士"，说罢就低头看书了。我把一份声明交给了高尔基，也把您的信念给他听。我觉得五月二十五日的科学院会议未必能开成，因为五月初所有的院士都各奔东西了……我特别想与您见面，交流意见。您能到雅尔塔来吗？五月十五日之前我都在这里。我也可以去波尔塔瓦看您，但妻子病着，大概还要卧床三个星期。或者咱们五月十五日之后去莫斯科见面，在伏尔加河上，还是在国外？请写信告知。

紧握您的手，祝您一切都好。祝健康。

您的安·契诃夫

译者注

高尔基被剥夺荣誉院士资格后，柯罗连科向科学院主席维谢洛夫斯基发表声明，表明为了抗议取消高尔基荣誉院士资格，决定自己也请辞荣誉院士。柯罗连科给契诃夫寄去三份声明副本，一份给托尔斯泰，一份给高尔基，一份给契诃夫。

契诃夫在写此信的第二天——一九〇二年四月二十日，又给柯罗连科发了封信。明确表示“你在给维谢洛夫斯基的信中表达的意见，我完全赞同”，也就下了与柯罗连科采取一致行动的决心：为声援高尔基，主动辞去科学院荣誉院士。

一九〇二年八月二十五日，契诃夫写信给科学院主席，辞去荣誉院士。并将信的副本寄给了柯罗连科。

契诃夫请辞荣誉院士的声明全文如下：

亚历山大·尼古拉耶夫斯基阁下！去年十二月我得到了遴选阿·玛·彼什科夫为荣誉院士的通告，第一时间见到了其时正在克里米亚的阿·玛·彼什科夫，向他通报了这个消息，还向他表示了祝贺。后来我又从报纸上获悉，鉴于彼什科夫涉及第一千零三十五号条款的法律调查，宣布选举无效，还明确指出，此项宣布来源于科学院，因为本人也是科学院荣誉院士的一员，那么此项通告也牵涉到我本人。我已经衷心地向当选者表示过祝贺，也承认了此项选举是真实有效的——在我的观念中，无法平衡这个矛盾，我的良心不能接受这种出尔反尔的做法。读了第一千零三十五号条款，我不得要领，经过长久的思考之后，只能做出一个尽管对于我来说是很困难的决定，那就是恳请阁下把我从荣誉院士的名单中删除。

怀着尊敬的感情，愿继续为阁下效力。

安东·契诃夫

一九〇二年八月二十五日　雅尔塔

192

致高尔基　1902年6月2日　莫斯科

亲爱的阿历克谢·马克西姆维奇，您的信我是在莫斯科收到的，我在这里已经是第六天了。到阿尔扎马去无论如何不行，因为我的妻子奥尔加病得很重。昨天她痛苦了一夜，她周围的人也痛苦了一夜。明天我把她送到什特拉乌赫医生的医院去，然后到弗拉采斯巴特去疗养。

亲爱的，给我写信，写几句也行。地址：莫斯科，聂格林大街，戈坦茨大楼。前几天我见到一个人，他与普列维相识，说您很快会被解除监视，消息是否准确，不好说，但我想，如果阿尔扎马那个地方有河流，有花园，那么也可以耐着性子住下去。

向叶卡捷琳娜·巴甫洛芙娜、玛克辛姆卡致意。紧握您的手并拥抱您。昨天一个民间歌手到我这里来了，今天还来吃午饭。他是个好人，很有才气，也很有情趣。

我离开雅尔塔前夕，柯罗连科来看了我。我们商量过了，大概过几天我们就要写信给彼得堡，提出辞呈。

您的安·契诃夫

译者注

信中提到的普列维是当时沙俄的内政部长。柯罗连科五月二十四日到雅尔塔见了契诃夫，经过商谈，决定向科学院提出请辞荣誉院士的声明。

193

致玛·契诃娃　1902年7月5日　莫斯科

亲爱的玛莎，我到了莫斯科，今天大概要到留比莫夫卡去，我们准备住进阿历克谢耶夫家的别墅。我每天还要去莫斯科，因为通讯地址还在那里。没有什么新闻，全都正常。奥尔加不大舒服，人也瘦了，觉得还是没康复。去车站是走着去的，因为她坐不了马车。

昨天奥尔加·彼特罗芙娜来过。

我可能八月份去雅尔塔，买了钓竿，想在别墅钓鱼。向妈妈、玛柳什卡、波尔问好，祝健康。需要钱吗？来信。

你的安东

白桦树断了？多么可惜！

译者注

阿历克谢耶夫即莫斯科艺术剧院的掌门人斯坦尼斯拉夫斯基，

他在莫斯科郊外的留比莫夫卡有一处别墅。七月十五日契诃夫夫妇住进了别墅。

奥尔加·彼特罗芙娜即库达科娃，是苏沃林和契诃夫共同的好友。苏沃林托库达科娃帮助修复自己和契诃夫之间因“德雷福斯”案件而冷却的关系，也有些成效。八月间，苏沃林专程到雅尔塔去看望了契诃夫，但往日的友谊是恢复不了了。苏沃林晚年曾对康士坦丁·纳博科夫（即作家纳博科夫的叔叔）说：“纳博科夫，在俄罗斯我只有两个优秀的年轻朋友——契诃夫和奥尔列涅夫。我把他们两个都弄丢了。”

巴维尔·奥尔列涅夫是个演员。

雅尔塔寓所的花园里那棵白桦树被风刮断的消息，是妹妹玛莎六月二十九日寄来的信中告知的。契诃夫十分惋惜。克里米亚是不长白桦树的。契诃夫特地从俄罗斯中部移植来一棵白桦树，亲手栽到了花园里。

194

致高尔基　1902年7月29日　留比莫夫卡

亲爱的阿历克谢·马克西姆维奇，您的剧本[1]已读完。它很新

1　指高尔基的第二部剧作《底层》。

颖，无疑是部佳作。第二幕好，是最精彩、最有力量的一幕，当我读到它的时候，特别是读到它的结尾时，高兴得几乎要跳起来。情绪是低沉的、压抑的，观众会带着不习惯的情感走出剧场，您也可以和乐观主义者的浮名告别了。我的妻子可以演瓦西里莎，一个放荡的恶婆娘；维什涅夫斯基正在房间里踱步，在表现鞑靼人的样子，他自信这是他的角色；至于鲁卡，唉！这个角色不能给阿尔捷姆演，他会演得很沉重，但他可以演警察；卖馅饼的女人让萨马洛娃演；演员一角您写得很成功，是个好角色，应该交给一个有经验的人来演，比如斯坦尼斯拉夫斯基，男爵则由卡恰洛夫来演。

您把最有兴味的角色都从第四幕里弄走了（除了演员外），现在看看这会带来什么后果。这一幕可能会很沉闷，特别是一些好角色统统下场之后，台上就留了一些中庸的人物。戏子的死很可怕，您像是猛地打了观众一个巴掌，但事先并没有准备好。男爵为什么到这个夜店来了，为什么他是男爵——这也交代得不够清楚……

195

致克尼碧尔　1902年8月17日　雅尔塔

我的杜西雅，我终于到家了，一路上很顺利，尽管灰尘很大。

轮船上有很多熟人，大海很平静。家里人很高兴我能回来，也问起了你，还责备我为什么不把你带回来，但当我把你的信交给了玛莎，她读完信后就沉默不语了，母亲也不高兴了……今天他们把信给了我，我读过之后感到难为情。你为什么要指责玛莎？我向你保证，如果是母亲和玛莎请我回到雅尔塔的家里，那么一定是请我们两人一起回来，你的信非常非常不讲道理，但用笔写下的，用斧头也砍不掉，真是天晓得。我再说一遍：我向你保证，母亲和玛莎同时邀请了我和你——从不单单只请我一个人，她们对你始终怀有亲切的善意。

我很快回莫斯科，我不想在这里久居，尽管这里很好。也不想写剧本。

昨晚回到家里，满身灰尘，我洗了好久，就像你关照的，洗了后脑勺、耳朵和胸膛，穿上了网状背心和白坎肩。现在坐着读报，报纸很多，够我读两三天的。

母亲求我在莫斯科近郊买一块土地。但我什么也没有对她说，今天的情绪太坏，明天再说。

吻你，抱你，祝健康，珍惜自己。向叶利扎维塔·瓦西里耶芙娜问好。常来信。

你的安

译者注

契诃夫八月十四日离开留比莫夫卡回雅尔塔，克尼碧尔的母亲来替代契诃夫照顾自己的女儿。契诃夫一到家里，就遇到了由一封信引起的风波。克尼碧尔写给玛莎的信没有保留下来，但我们可以从克尼碧尔八月二十二日写给契诃夫的信中略见端倪："你在信中说我似乎指责了玛莎？我是怎么指责的？的确，我是在情绪大坏的情况下给玛莎写了信，我现在甚至不知道我究竟写了些什么。你难道以为，我会因为只请了你而没有请我去雅尔塔就会生气吗？我还没有这样小气。而奇怪的是，她们明明知道我正在卧床养病，而把你请回了南方，明显不想让你留在我这个病人跟前……"

196

致克尼碧尔　1902年8月27日　雅尔塔

我的杜西雅，我的小鱼，经过长久的等待之后，终于收到了你的信。

她们没有把你写给玛莎的信给我看，我是在母亲房里的桌子上偶尔找到读了的，所以就知道玛莎为什么心里不高兴了。你那封信很粗鲁，而主要是不公正；我当然能理解你写那封信时的情绪，我理解。而你最近这封信好奇怪，我不知道你是怎么想的，我的杜西雅。你这样写道："而奇怪的是，她们明明知道我正在卧床养病，而把你请回了南方，明显不想让你留在我这个病人跟前……"谁不想让我留在你身边？她们什么时候等我回南方？我已经在信中向你保证过，她们从没有单单请我，而不请你回南方……杜西雅，不能这样，不能这样，应该害怕不公正。应该无愧于公正，更不用说你是个善良的人，善解人意的人。杜西雅，原谅我发表了这一套演讲，以后不说了，我也怕说这些话……

你不要对玛莎说，我读过你写给她的信。你知道该怎么做。

从你的来信中吹出了冷风，但我还是怀着柔情依恋着你，不断地思念着你。吻你亿万次，拥抱你。杜西雅，常给我写信，多于五天写一封。我毕竟是你的丈夫。在还没有好好地一起生活，还没有给我生下一个男孩或女孩之前，不要与我分手，而你一旦生了孩子就可以自便。我还要吻你一次。

你的安

译者注

克尼碧尔在八月二十二日的来信中，对玛莎提出了新的指责："如果玛莎果真爱我，就不会把那封信给你看，她能够感知我是在什么样的情绪下写了那封信。现在我得到了一个教训，我以后只能写一些谁都可以阅读的官样文章。"

所以契诃夫要修正原先的话，而是改口说那信"我是在母亲房里的桌子上偶尔找到读了的"，又关照妻子不要对玛莎说"我读过你写给她的信"。

197

致克尼碧尔　1902年9月1日　雅尔塔

我亲爱的，我又收到了你一封奇怪的信，你又把各种莫须有的罪名扣到了我头上。是谁对你说我不想回莫斯科了？说我一去不复返，今年秋天不再回来？我可是给你用俄语写得清清楚楚的，我九月份一定过来，与你一起生活到十二月。我难道没有这么写？你指责我不诚实，但你忘记了我对你说过的一切。我现在都不知道该怎么和自己的妻子打交道，该怎么给她写信。你写信说你读我的信会不寒而栗，说咱们该分手了，说你一切都看不明白……我的杜西雅，我觉得造成这种混乱局面的过错不在我，也不是你，而是某一个给你吹耳边风的人。你现在不相信我说的话，不相信我做的事，一切在你看来都是可疑的——我就无能为力了。我也不打算说服你，因为多说无益。你在信上说，我可以生活在你身边，一声不吭，说我需要的只是一个漂亮女人，说你与我不是一路人，你很孤独……我亲爱的杜西雅，我的好人儿，要知道你是我的妻子，你得知道这一点！你是我最亲近、最珍贵的人，我无限地爱着你，而你把自己归类为“漂亮的”女人，与我不是一路人，很孤独……好，你想怎么说就怎么说好了……

我的杜西雅，你要像我的妻子、我的朋友那样，给我写点让我高兴的信，不要无事生非，不要折磨我。做一个善良的好妻子，你本来就是这样的一个人。我比以前更强烈地爱你，作为丈夫，我在你面前没有过错，你得理解我，我的快乐，我的小绵羊。

再见，祝健康、快乐，一定得每天来信。吻你，抱你。

你的安

译者注

这封信是对克尼碧尔八月二十八日来信的回复。克尼碧尔在信中说："你为什么不立即告诉我你将一去不复返？我预感到了。为什么不诚实地告诉我，你走是因为咯血？这多么简单，多么合理。这么说，你欺瞒了我。这令我多么心痛，你竟然把我当作外人，当作玩偶……"

198

致克尼碧尔　1902年9月14日　雅尔塔

小狗，你好！现在我的身体总的来说还不错，不常咳嗽了。去浴场更衣室我没有感冒，你别瞎猜，求你了。我不过是在雅尔塔的燥热和尘土飞扬之后肺部有了点变化，现在清凉了，我又复原了。

我还得重复一句：我没有把你带在身边，是因为什特拉乌赫医生不允许。而且我想，你反正不会跟我一起走的，你已经被自己的兴趣所劫持——剧院、演员集会、有趣的交谈，你已经顾不得雅尔塔。但我的非凡的杜西雅，我们反正很快会见面的……

祝贺你又有了一架钢琴。弹琴吧，如果它的质量当真不错，就把它买下来，好吗？小狗，你考虑考虑。我到了再做决定。尼柯拉沙不会选不好的乐器的。

我没有给你寄葡萄酒，因为我想自己带来。剧本写不了，现在我被引向最平凡的散文……

我每天吃西瓜。

再见，我的孩子！吻你，我要把你抛上去，再把你接住，再粗鲁地让你在空中翻转，再把你抱住，再把你抛出去，再把你抱住，亲吻我的女演员。

你的安

译者注

这是对克尼碧尔九月十日来信的回复。克尼碧尔埋怨契诃夫在大风的日子里“在浴场更衣室”受了凉，埋怨契诃夫没有带她回到雅尔塔。信里也说到了钢琴的事：她通过尼柯拉沙从钢琴厂租了一架钢琴，月租金十二卢布。如果要买下来，那么得先交预付金二百卢布。契诃夫痛快地答应了妻子的这个要求。

但信中也有“不痛快”的地方，那就是：“你已经被自己的兴趣所劫持……”契诃夫对妻子在莫斯科上流社会的频繁交际心存芥蒂。

契诃夫最后向妻子示爱的这几句话——“我要把你抛上去，再把你接住……”——被一九五〇年版“契诃夫全集”的编辑删去了。

199

致柯米萨尔日芙斯卡娅　1902年9月14日　雅尔塔

亲爱的维拉·费多洛芙娜，我很快要去莫斯科了，从那儿再去聂尔维，或是直接去聂尔维。我认为很快就能成行，只是说不好出发的具体日期，就要看咳嗽的情况，如果病况不减轻，我会待在雅尔塔，但大概十月初我就出发了。

您什么时候去塞瓦斯托波尔？我们能在那里见面吗？

这里的天气很糟，阴冷，扬尘，几乎开春以来就没有下过雨。越早离开这儿越好。

我自己也很想见到您，和您聊聊天。

祝健康，祝您诸事顺遂。

您的安·契诃夫

译者注

契诃夫这天给妻子写过信后，又给他欣赏的女演员柯米萨尔日芙斯卡娅写了信。这是对她九月十二日从哈尔科夫发出的信的回复，来信云："安东·巴甫洛维奇，给我往这儿写几句，我在'马尔塞里'旅馆。从十月十三日到二十日，我将在雅尔塔，我到时能见到您吗？我要在那里演三出戏。亲爱的，给我写信，我非常想提早知道。"

契诃夫与很多女性保持着长久的友谊。

按：聂尔维是地中海的一个旅游胜地。

200

致克尼碧尔　1902年9月20日　雅尔塔

奥丽娅，我亲爱的，你好！在你最近几封信中，你变成了个忧郁的人，像是个修女，我多么想见到你！我很快，很快就来，我再说一遍，我会住到你把我赶走之前，哪怕是住到一月份。母亲十月三日离开雅尔塔——这是她昨天说的……

你在信里说，如果我们长久地生活在一起，我会讨厌你的，我会像对待桌子椅子那样地冷漠。“我和你都不是有恒心的人。”杜西雅，我说不好我是否有恒心，我只相信一点，那就是我越是长久地与你生活在一起，我对你的爱情会变得更深沉。女演员，你应该知道这个。如果不是有病在身，世间很难找到一个比我更恋家的男人……

明天阿尔特舒列尔大夫要来，会给我听诊——整个秋天第一次。我一直拒绝他来，而现在不好意思挡他了。他一直威胁我说要向你告状（不知为什么这里的人都以为你是个严厉的女人，把我管束得特紧）。

还有什么？吻我的小昆虫。写信来详细说说你的健康情况。吻你，抚摸你的背，然后拥抱你。再见！！

你的安

201

致克尼碧尔　1902年9月26日　雅尔塔

你好，小狗！上一封信里你诉苦说心跳剧烈，惶恐不安，还说你不再喝咖啡。我的杜西雅，咖啡无害。你的毛病是肠胃乏力，应该试着喝牛奶，就是说，除了其他饮料之外，每天再喝上五六杯牛奶。好了，关于这个我们很快可以当面谈了。

你告诉高尔基，就说我很快要来莫斯科，让他也去剧院看戏。要知道我还没有看过《小市民》和《在理想中》。我现在要看个够，亲爱的，我要好好夸奖我的非凡妻子的表演。

母亲坐邮车来，因为邮车停站多，她在飞驰着的火车上站也站不住，坐也坐不住。

昨天库普林来了，他娶了《神的世界》的出品人达威杜娃。他说他妻子一天要哭好几次——她怀孕了。而猫头鹰一到夜里就叫唤，她觉得她会在生产中死去。我一边听他说一边牢记在心，心想：只要我老婆怀孕了，我就要每天防范她撒娇。

还在咳嗽，但不严重。一切都好。过几天就去理发，因为我尊贵的妻子不喜欢留长发的丈夫。

好了，祝健康和快乐。别忙乎，还来得及。向我学习。

你的安

202

致克尼碧尔　1902年11月30日　雅尔塔

我的开心果，杜西雅，昨天晚上我到了雅尔塔。一路上很好，车厢里的人不多，总共才四个人，喝了茶，喝了菜汤，吃了你给我的让我在路上吃的食品。越往南走越冷，在塞瓦斯托波尔遇上了严寒与风雪。在开往雅尔塔的轮船上，风平浪静，与一位将军谈了萨哈林岛的见闻。雅尔塔又是寒冷又是雪，我现在坐在桌边给你——我的天下无双的妻子——写信，感到雅尔塔比莫斯科还要冷。从明天起开始等待你的来信，我的杜西雅，给我写信，我求你了，否则我在这个冷天里马上就会感到寂寞……

别苦闷，投入工作，到处走走，好好睡觉。我多么希望你快乐健康！这次我到莫斯科来，你变得更让我觉得珍贵。我爱你爱得比以往更加强烈。

没有你，我上床、下床都感到乏味。你把我惯坏了。

阿尔特舒列尔医生今天来，我会把你送他的钱包转交给他。我的小狗，我无数次地吻你，紧紧地抱你。格奥尔来了。祝健康，写信给我。

你的安

203

致克尼碧尔　1902年12月24日　雅尔塔

我亲爱的老太婆……我收到了库尔金写来的一封非常好的信，是讲高尔基的戏的，我想把这封信的抄本寄给高尔基。我以为这是一篇写得最好的评论高尔基戏剧的文章，评价很高，当然也有不少很有趣的意见。报纸上的剧评夸奖了你，说明你演得很有分寸，演得很好。如果我在莫斯科，也一定会参加在“艾尔米塔什”举行的首演过后的欢宴，一直坐到第二天天亮，和巴拉诺夫干一仗。

昨天我给聂米洛维奇写了信。我的《樱桃园》将是个三幕剧，但还没有最后决定……

译者注

这封信中最值得注意的是谈到了库尔金那篇赞美高尔基戏剧的文章。库尔金认为高尔基的《底层》“每一幕都闪耀着作者的才华”，认为这部作品是“对当前社会做出的巨大贡献”。契诃夫当真把这封信的抄本寄给了高尔基。高尔基后来在回忆录里特别提及契诃夫的真诚，说：“我觉得，任何人来到契诃夫身边都会不由自主地感到自己有了一种要成为一个简单的、真实的人的愿望。”

巴拉诺夫是莫斯科艺术剧院的一个演员，在那次欢宴上，他大发酒疯，大煞风景。这些情况都是克尼碧尔在信中告诉契诃夫的。

“《樱桃园》将是个三幕剧”是契诃夫最初的构思。克尼碧尔接到信后回信提出了不同意见：“为什么《樱桃园》是三幕呢？四幕会更好。”后来契诃夫当真把《樱桃园》写成了四幕剧。

204

致克尼碧尔　1903年1月1日　雅尔塔

我的女演员，我的妻子！新年新喜！祝你能得到你需要的和你理应得到的一切，而主要的是，希望你得到一个小德国人。有了他，他就会到你衣柜里去翻找东西，就会到我书桌上去摆弄墨水瓶，你看了也高兴。

你在婚礼上玩得那么开心，这也让我高兴。遗憾的是我没有在现场，要不我就会在那里好好欣赏欣赏你，说不定我自己也会跟着手舞足蹈……

我亲爱的，给我写信，用你的信札来安慰我。我的身体很好。牙齿修复了，还有一个病牙留着。一句话，我的情况很好。

没有妻子在身边，我不舒服，好像是躺在久未生火的冰冷的炉子上。蒲宁和纳依杰诺夫现在成了奥德萨的英雄，在那里大受欢迎。

他们叫我去喝茶了。女演员，祝你健康和快乐，上帝保佑你。吻你、抱你和祝福你。

205

致克尼碧尔　1903年1月17日　雅尔塔

你好，我的杜西雅！你知道我想到了什么？你知道我想向你说什么？你会生气吗？你会吃惊吗？让我们今年不去别墅，而是到瑞士去度假。我们在那边安排好住处，在那边住上两个月，然后再回到俄罗斯。你怎么办？可行吗？

今天有个中学教师把你的礼物带来了[1]。首先，我要为这张照片吻你一百万次，向你拜倒在地。我的杜西雅，你让我好满意，谢谢。钱包很好，但我要把它藏起来，因为我现在用的钱包也是你以前送我的，我一样觉得珍贵，有纪念意义……

你去瑞士吗？亲爱的，写信告诉我……昨天夜晚我在《欧洲信使》上读到马尔科夫一篇关于威尼斯的文章。马尔科夫是个老作家，很在行，也真诚，在他的影响之下，突然间我也被吸引住了，也想去威尼斯，也想去瑞士，我还从未去过那里……

亲爱的，咱们去旅游！考虑考虑！如果因为什么去不了，就明年去。今天风刮得很大。好了，祝福你，拥抱你，关于瑞士的事尽量做答复。

你的安

1　一月十七日是契诃夫的生日，这天他收到了妻子托人带来的两件礼物：一个钱包和一张照片。照片上有妻子的题字："我亲爱的，祝贺你！一九〇三年一月十七日。"这张照片现在陈列于雅尔塔的契诃夫故居纪念馆。

206

致柯米萨尔日芙斯卡娅　1903年1月27日　雅尔塔

亲爱的维拉·费多洛芙娜，非常感谢您的来信，不是一般的谢谢，而是特别的谢谢——就是这样！您很好，这让我高兴。关于剧本的事，我回答如下：一、剧本已有构思，剧名都想好了（《樱桃园》，但这暂时还保密），如果身体好，大概二月末动笔。二、这个剧本的中心人物是个老太婆！！——这是很遗憾的。三、如果我把剧本给莫斯科艺术剧院，按照这家剧院的规矩，就不能给其他的剧院使用……那么我是否能专门给您写个戏？不给任何其他的剧院，仅仅给您。这是我的一个早已有之的愿望……如果我像以前一样健康，这是不在话下的。我可以现在就坐下来给您写戏，但去年十二月得了胸膜炎，明天才能出门走动……

您见到了我的妻子，而我得到了春天才能见到她……

您在信里说"……我要带着这样的信念前行，如果这个信念破灭，我也会……"等等，这话完全正确，但是看在上帝分上，您不要将这与一个新的剧院联系起来。要知道，您是个演员，就如同是个好的水手，不管是在官办的船上航行，还是在私人的船上航行，在任何情况下都是个好水手。

再次感谢您的来信。紧紧握您的手，吻您的手。

您的安·契诃夫

译者注

柯米萨尔日芙斯卡娅写信想获得契诃夫戏剧新作的演出权，契诃夫很感为难，但还是做了实事求是的答复。她在信中还表达了要在彼得堡创办一所私立剧场，说这是她的一个“信念”，“如果这个信念破灭”，她的全部精神支柱也会塌掉。契诃夫则用“好水手”的故事来劝她不必过于执着。但最终柯米萨尔日芙斯卡娅还是在彼得堡创建了以她的名字命名的私人剧院，而且在俄国戏剧史上留下了痕迹。

207

致斯坦尼斯拉夫斯基　1903年2月5日　雅尔塔

敬爱的康士坦丁·谢尔盖耶维奇，昨天我收到了《海鸥》徽章，非常非常感谢您。我已经把它挂到了表链上，我会一直把这个可爱精致的物件佩戴在我身上，我也要永远记住您。

译者注

丹钦科在回忆录中写到《海鸥》首演的巨大成功时，说道：“一个新的剧院诞生了。”后来莫斯科艺术剧院将飞翔着的海鸥形象当作了院徽，剧院的大幕上也绣有海鸥形象。一九〇二年二月，斯坦尼斯拉夫斯基把一枚金质的海鸥院徽派专人送到了雅尔塔的契诃夫手中，契诃夫一直把这徽章带在身上。他去世后，由他的妻子克尼碧尔-契诃娃一直将它佩戴在身上，直到她去世。

208

致克尼碧尔　1903年2月7日　雅尔塔

……时间过得很快，非常之快！我的胡子都花白了，我已经无所欲求。我感觉，生活是愉悦的，但有时并不愉悦——我只能把话说到这个地步……

但是，亲爱的，我把你说烦了。亲爱的，对不起，我现在就说完。只是请你让我吻一吻你的手，让我抱一抱。好冷呀！

你的安

209

致克尼碧尔　1903年3月5—6日　雅尔塔

我的杜西雅，我的妻子，女演员，我的小鸽子，你可以在复活节来一趟雅尔塔吗？那样我和你可以过几天快活日子，我给你吃好的，喝好的，我会给你读《樱桃园》，然后一起回莫斯科。……亲爱的，你来吧！剧院会放你假的，如果你请假还不行，我就帮你请假。写信给我，就说你会来，而主要是想好了。想想，怎么对你更好更方便。而我是多么寂寞呀，多么想见到你，多么想把你一口吞了，我已经没有忍耐力，我呼唤，我呼唤……

译者注

三月十日，契诃夫在给克尼碧尔的信中说:“杜西雅，我已经记不得你是金发女人还是黑发女人。我只记得我曾经有过一个妻子。”

克尼碧尔三月十三日回信:“我算是你的什么妻子？如果不得不这样两地分居，既然我嫁了人，我就应该忘记自己的个人生活，就只当你的妻子。我现在不知道我该怎么做。我很想丢掉这一切，一走了之……对于你，对于像你这样的一个人，我做事太轻率了。既然我要上舞台演戏，我就应该做个单身女人，不去折磨任何人。”

这是一个无法解开的结。克尼碧尔离不开舞台，契诃夫也不许她离开舞台。因此两地分居的长相思，是他们的命运。

210

致克尼碧尔　1903年4月9日　雅尔塔

我的非凡的杜西雅，总没有办法给你写一封长一点的信。客人不断，而客人一走，我就要跑到花园去坐一下，喘一口气。我急不可耐地等你的信和电报，急不可耐地等待那一个终于能见到自己亲爱的女演员的时刻……

剧本我到莫斯科去写，这里没法动笔，甚至连校样都不让读。

春色满园，所有的花都开了。蒲宁到敖德萨去了，费道多夫也去了。高尔基在这里。库普林走了，他想念妻子。人为什么要结婚呀！！……

拥抱你，亲爱的，把你举起来，吻你。祝健康，别太累。

你的安

译者注

一九〇三年三月蒲宁在雅尔塔与契诃夫做伴，使契诃夫有了一个可以说说心里话的人。蒲宁回忆录里也写到了这段时间与契诃夫的相处：

那个时候，我已经住进了雅尔塔最好的旅馆“俄罗斯”。有个晚上他（指契诃夫。——译者注）打来电话，让我雇一辆马车去找他，要一起出游。我试图劝阻他，但他坚持要这样。当然，那是个温暖的月夜。我们乘马车到了奥林安达。就在那个地方，他说，人们读他的作品还可以读上七年，而他活在世上的时间更短——六年。这两个数字他都说错了：他活着的时间要更短——就剩一年零三个月，而人们读他的作品已经读了五十多年，而且看来，还要长久地读下去。

信中提到的剧本指《樱桃园》，是契诃夫最后一个剧本。提到的作品校样指小说《未婚妻》的校样。这是契诃夫的最后一篇小说，可看作契诃夫的告别之作。小说以女主人公娜佳的离家出走告终——

“别了，萨沙！”她想，在她面前已经显现出一种宽广辽阔的生活，这生活暂时还朦朦胧胧，充满着神秘，但却在吸引着她，召唤着她。

211

致克尼碧尔　1903年9月21日　雅尔塔

我的非凡的妻子，今天我才感到轻松了不少，显然已经上了轨道。我也不再生气地瞅我的文稿。等我一写完，立即发电报通知你。最后一幕很有喜剧气氛，其实整个戏都是喜剧性的，很轻松，沙宁不会喜欢，他会说我变得不深刻了。

我早上八点起床，洗脸。今天用冷水洗，洗得很舒服。沙里克还没有学会叫，而托齐克已经忘了怎么叫了。你不在，我睡不好……

剧本就寄给你，你再把它转交剧院经理。如果读过剧本觉得写得不好，你也不要泄气。

吻你，刮你的鼻子。高兴一些，别发愁，别自作聪明，花钱别大手大脚。

上帝保佑你，再说一遍，祝你快乐。

你的安

译者注

契诃夫与克尼碧尔于一九〇三年七月六日一起去雅尔塔，直到九月十九日克尼碧尔回莫斯科。这两个多月的时间，克尼碧尔给契诃夫挡客，让契诃夫安心写《樱桃园》。“我也不再生气地瞅我的文稿”意味着剧本快要写成了。契诃夫说“剧本就寄给你”，是因为克尼碧尔提出过“警告”:“你不把剧本先寄给我，我就跟你离婚。”

契诃夫把《樱桃园》称作“喜剧”，而斯坦尼斯拉夫斯基读过剧本后，认定是“悲剧”。

信中提到的沙里克和托齐克是两只狗。

212

致克尼碧尔　1903年10月4日　雅尔塔

我的好杜西雅，我的另一半，我在一张红纸上给你写信，看来这纸不适于写信，我写起来吃力，你读起来也吃力。今天我把玛莎送走了，收到了你的电报（关于《尤利·凯撒》的），你无法想象我是多么的高兴。这么说演出成功了？巨大的成功？好样的！而你这封信又是写得那样漂亮，芳香四溢，可以接连读十二次也读不够。给我写信吧，我的丰满的妻子，写信吧，我喜欢你写的信。

他们给我吃得很多。大自然也很优待我：我今天已经两次徜徉在它的怀抱里，那是皇帝散步的地方。今天我的御医阿尔特舒列尔要来。不管怎么说，我的身体越来越好。

我爱你，我的小马驹。

吻你，抱你，上帝保佑你。

你的安

213

致克尼碧尔　1903年10月14日　雅尔塔

剧本已寄出。健康。吻你。磕头。

安东

译者注

契诃夫一九〇三年十月十二日定稿《樱桃园》，十四日给克尼碧尔寄出。克尼碧尔十五日发出欣喜若狂的信："乌拉拉拉！《樱桃园》来了！！！不管我把这个消息告诉了谁，都脸上放光，喜笑颜开。我亲爱的，珍贵的丈夫，你大概有种一块石头落地的感觉吧？我将怀着何种疯狂的激情来读这个剧本！而现在想到这一点，心就在激烈跳动，如果你能看到，全剧院的人是怎样欢欣鼓舞、奔走相告的！我亲吻你！我等待着……"

十月二十日公开读剧本，高尔基也去听了。克尼碧尔说："演员听后都流泪了，包括男演员。"高尔基说："剧本里弥漫着绿色的忧郁。"

214

致斯坦尼斯拉夫斯基　1903年10月30日　雅尔塔

亲爱的康士坦丁·谢尔盖耶维奇，非常感谢您，谢谢您的信和电报。对于我来说，来信非常珍贵，因为第一，我现在孤单单一个人；第二，我的剧本已寄出三个星期，但我只是在昨天收到了您的信，如果没有妻子，我对你们那边的情况会一无所知……当我写洛帕辛的时候，就想，这是您的角色。如果您对这个角色不感兴趣，那么就演加耶夫好了。当然，洛帕辛是个商人，但在一切方面来说他都是个正派人，应该堂堂正正，有知识分子的派头，不小气，不滑头，我以为他是这个戏里的中心人物……为这个人物选择演员应该想到，瓦丽娅是爱他的，而她是个严肃的、有宗教情怀的姑娘，是不会去爱一个富农的。

我非常想去莫斯科，现在不知道该怎么离开此地。天冷起来了，我几乎不出门，不接触空气了。我不是怕莫斯科，而是怕到莫斯科之前我们在塞瓦斯托波尔换车，从两点等到八点，而且与一些不相干的旅客混在一起。

告诉我，你选择哪个角色。妻子说，莫斯克文想演叶彼霍多夫。这很好，他出演此角，戏就好看了。

向玛丽娅·彼得洛芙娜问好，祝你们两人一切安好。祝健康快乐。

我还没有看过《底层》《社会栋梁》和《尤利·凯撒》，很想看到这些戏。

您的安·契诃夫

译者注

契诃夫在这里对剧中一个最易被误解的人物——商人洛帕辛——做了自己的解读。

斯坦尼斯拉夫斯基没有听从契诃夫的建议演洛帕辛，他选择了加耶夫。斯坦尼斯拉夫斯基高度评价《樱桃园》，在十月二十一日给契诃夫发去了这样的电报：

剧组读了剧本，非凡的成功。从第一幕开始就把听众抓住了，每一个细微的环节都有效果，听到第四幕都哭了，我妻子像所有人一样兴奋不已。没有另外一个剧本曾经得到过这样一致热烈的认可。

莫斯克文是莫斯科艺术剧院的头牌演员。

215

致克尼碧尔　1903年11月1日　雅尔塔

亲爱的小马，我常常表现出坏脾气，请原谅我。我是丈夫，据说凡是丈夫都有坏脾气……赶紧让我到莫斯科来吧，这里天空明亮，天气温和，但我已经不可救药，已经体会不了这些美好，我现在需要莫斯科的雨季带来的泥泞和糟糕天气，没有戏剧和文学我已经无法生活。你还得承认，我是个丈夫，我得见见我的妻子……

这里完全像是夏天的天气。没有新鲜事，什么也不写，我只等你说可以准备行装到莫斯科去。到莫斯科去……到莫斯科去！这已经不是《三姐妹》在说，而是“一个丈夫”在呼喊。

216

致克尼碧尔　1903年11月8日　雅尔塔

我的杜西雅，现在接到了你的信，你在信里称我是超人，还埋怨你自己没有才华。谢天谢地……

我们这里在下雨，零上十度。今天要洗头，我用半个皇座换个澡堂[1]！

我的纪念日——这是瞎扯。关于我，报纸上从来没有说过真话。

我的纪念日，大概不会早于一九〇六年，现在这些关于纪念日，以及筹办纪念活动的言论，只能让我生气。

只要接到你让我动身的信件，我就立即订票。越快越好。

你还没有把自己的角色准备好，还得与我好好商量。就是要穿的裙子，也不要在我到莫斯科之前去定制……

我什么时候可以再见到你？我什么时候敲打你？拥抱你，亲爱的。

你的常常要跑超级厕所的超人。

安

译者注

克尼碧尔写信给契诃夫说，近来报纸上哄传一九〇三年十月二十五日是他的文学活动二十五周年纪念日，还有人直接与她商谈组织纪念活动的事宜。契诃夫明确表示："这是瞎扯。"但他又说自己的文学活动纪念日"大概不会早于一九〇六年"。因为

---

1 对莎士比亚的剧本《理查三世》中的经典台词——"我用半个皇座换匹马"的滑稽模仿。

一八八六年发表了小说《苦恼》。

217

致蒲宁　1904年1月8日　莫斯科

您好，亲爱的伊万·阿历克谢耶维奇，新年新喜！您的信我收到了，谢谢。我们莫斯科这边一切正常，也寂寞，除了新年是新的，其他了无新意，也看不到新的前景。很可能我二月份到尼斯来……请代我向可爱的、温暖的太阳问好，向宁静的大海问好……

218

致什格洛夫　1904年1月18日　莫斯科

亲爱的让，我已经有意识地不祝贺您的生日：我不想提醒您，我们两人都老了，一接近五十岁，人家就会叫您“老爷爷”了……

昨天演了我的戏，所以我的情绪不高，想着逃到什么地方去……

译者注

一九〇四年一月十七日，莫斯科艺术剧院首演《樱桃园》。观众席里的名流有作曲家拉赫玛尼诺夫，作家高尔基、别雷，诗人勃留索夫等，因为这天也恰好是契诃夫的生日。演完第三幕后，举行了庆贺契诃夫诞辰四十四周年的仪式。斯坦尼斯拉夫斯基在《我的艺术生活》中有如下记述：

在庆祝会上，他却一点也不愉快，仿佛预感到自己将不久于人世了。第三幕演完以后，他站在舞台前缘，脸色惨白而虚弱。当人们向他赠送礼物和发表祝辞的时候，他止不住咳嗽。我们心里十分难过。观众厅里有人在喊，请他坐下来，但契诃夫紧蹙双眉，一直站到漫长而受罪的庆祝会开完为止……庆祝会是很盛大的，但给人留下了一种沉重的印象，带有几分葬礼的味道。我们心里很难过。演出本身只获得一般的成功……安东·巴甫洛维奇没有等到他最后一部充满了芳香的作品的真正成功，就与世长辞了。

219

致斯列金[1]　1904年1月20日　莫斯科

亲爱的列昂尼德·瓦连京诺维奇，我的无聊的戏剧活动结束

1　雅尔塔的一位医生。

了，现在我可以有空坐下来给您写信。莫斯科是个很好的城市，至少这个冬季是这样，不十分冷，我几乎算是健康的，时光过得很快。但是喧闹很可怕，没有一刻自由的时光，我一直处于迎来送往之中，还要长时间与客人交谈，很少有空闲时间，已经开始幻想着返回雅尔塔的家园。我要承认，我是不无快意地幻想着……我想您在雅尔塔一定生活得很好。（只有一样东西在雅尔塔没有——牛犊肉！今天我吃了用牛犊肉做的煎肉饼，味道好极了，我惦记着这美味。）妻子向您问好，她让我写上一句话：她想念您和索菲娅·彼得洛芙娜。请来信。

您的安·契诃夫

220

致阿维洛娃[1]　1904年2月14日　莫斯科

尊敬的莉基雅·阿历克谢耶芙娜，我明天去雅尔塔。如果想到给我写信，我将非常感谢您……

请原谅，我冻着了，刚从察里津回来（我是坐了马车去的，火车因为脱轨事故停运了），手不好使，还要不时地伸进

1　这是契诃夫写给一生对他单相思的女人的最后一封信。

口袋里去。愿您一切都好，主要的是，要高高兴兴过日子，不要太费脑子去探究生活，大概这生活实际上要简单得多。再说，对于我们并不了解的生活，值得去对它苦苦思索吗？为了这种痛苦的思索，折磨了多少俄罗斯人的脑袋瓜——还真是个问题。

紧握您的手，为了您的来信，向您致以诚挚的谢意。祝您健康和安好。

忠实于您的安·契诃夫

221

致莉莉娜　1904年2月14—15日　莫斯科

亲爱的玛丽娅·彼特洛芙娜，“永别了，旧的房子，永别了，旧的生活”——您正是应该用那样的情绪说的。谢谢您给我写来了这么可爱的信，上帝保佑您拥有更多的健康与平安。我春天来，五月初，或更早一些。紧握和亲吻您的双手，祝您精力充沛，别忘了忠实于您的、得到您很多帮助的我。

安·契诃夫

译者注

莉莉娜是斯坦尼斯拉夫斯基的妻子，在《樱桃园》中扮演阿尼亚一角。她给契诃夫写信讨论戏的结尾处阿尼亚那句台词的读法："'永别了，旧的房子，永别了，旧的生活'，我是含着眼泪，哽咽地说出来的。我曾经试着用昂扬的语调说，但说不好。您说，该怎么处理？"

222

致克尼碧尔　1904年2月17日　塞瓦斯托波尔

你好，我的非凡的小马驹！我在轮船上写这封信，船三个小时后开。一路上很顺利。纳斯嘉带着什纳普，什纳普在船上像是在家里，真可爱，在火车上也像在家里一样，朝列车乘务员吠叫，逗所有人开心。我很爱它，它现在伸开后腿坐在甲板上，看来，已经忘了莫斯科，不管这有多么让人难过。好了，杜西雅，我等你的来信。你要知道，没有你的信，我无法生活。或者你每天来信，或者与我离婚，没有中间道路。

我听到什纳普在上边朝什么人叫，大概有旅客在逗它，我去瞧瞧……

吻我的女领导，拥抱你一百万次。信要写得很详细，不要吝惜墨水，我的可爱的、好样的、天才的女演员，上帝保佑你，我爱你。

你的安

223

致克尼碧尔　1904年4月7日　雅尔塔

这么说，库格尔称赞剧本了？应该给他寄四分之一磅茶叶和一磅糖去——算是对他的答谢。你可以说给聂米洛维奇听……

我亲爱的杜西雅，常给我写信，别忘了我。把剪报寄给我，或者把整个报纸做成印刷品贴上两戈比邮票寄来，明白了吗？

译者注

契诃夫一般对评论家并不重视，但亚·库格尔（一八六四—一九二八）是当时俄国最有名气的戏剧评论家。"给他寄四分之一磅茶叶……"当然是调侃，但契诃夫听到库格尔对《樱桃园》剧本的赞美，心里还是很高兴的。要知道，这可能是这个剧评家第一次对契诃夫戏剧做出肯定的评价，他此前曾写剧评批评过《海鸥》。

224

致克尼碧尔　1904年4月11日　雅尔塔

我的亲爱的、精明的妻子，妹妹玛莎已经去莫斯科，我什么时候动身，要静候你的吩咐。没有什么新闻，一切都好。正刮着狂风。

请转达我对叶卡捷琳娜·尼古拉耶芙娜的深深谢意，你在信中转达的她那些热情的话语，我实在担当不起。

我等待你关于行程、关于别墅、关于生活所做的一切安排。我特别想敲打敲打你，向你显示一下我的权威；我想和你一起顺着彼特罗夫卡，顺着特维尔大街散步。

好了，愿你健康和快乐，上帝保佑你。记住，记住，我爱你，不要背叛我。

你想用稀稀的焦油肥皂液给我洗头？那你就洗吧。

你的安

译者注

契诃夫又快要去莫斯科与妻子团聚了——“什么时候动身，要静候你的吩咐”，所以信里已经没有什么抱怨了。

彼特罗夫卡和特维尔大街是莫斯科有名的街区。

“你想用稀稀的焦油肥皂液给我洗头？那你就洗吧”是对克尼碧尔一九〇四年四月七日来信中这句话的回应：“我一定要用焦油肥皂液（稀稀的）给你洗头，非常之好。”

225

致阿姆菲捷阿特罗夫　1904年4月13日　雅尔塔

……我现在写得少，读得多。我读自己订阅的《俄罗斯》。今天读了知识出版社出的文集，读到了高尔基的《人》，这篇东西让我想起一位没有胡须的男低音的年轻神父的布道。我也读了蒲宁的一篇很棒的短篇小说《黑土地》，这真是一篇精彩的小说，有的片段简直让我吃惊，我现在建议您关注一下。

如果健康，那么在七月份或八月份去一趟远东，不是作为记者，而是作为医生。我认为，医生看到的东西比记者多……

译者注

亚·阿姆菲捷阿特罗夫（一八六二—一九二八）是个小品文作家，十九世纪八十年代初，曾和契诃夫一起写过幽默小品。契诃夫对高尔基与蒲宁的作品一向关注，对高尔基的小说赞美有加，但显然对这篇高调颂扬人的力量的散文另有看法。（高尔基这篇题为《人》的散文中有这样的句子——“人啊！我胸中仿佛升起一轮太阳，人就在这耀眼的阳光中从容不迫地迈步向前……”）

契诃夫打算前往远东日俄战争前线的计划没有实现。

226

致克尼碧尔[1]　1904年4月22日　雅尔塔

我的妻子，杜西雅，我给你写最后一封信，以后如有需要就给你发电报。昨天我不舒服，今天照样，但还是觉得好了一点；除了鸡蛋和汤之外，什么也不吃。下着雨，天气阴冷。尽管身体有病，天又下雨，我今天还是到牙医那儿去了一趟。

第二十二步兵团参加了战役[2]，而萨沙叔叔就在这个团！我脑子里在想着他。报纸上说有九个连长受伤和阵亡，而萨沙叔叔恰好就是连长。但上帝是仁慈的，他会保佑你亲爱的萨沙叔叔的。我可以想象得到，他是多么的疲乏，多么的愤怒！

昨天卡尔波夫来了，他是苏沃林剧团的导演，一个平庸的戏剧家，但自视甚高。这类人物很烦人，和他们在一起感到无聊，他们那种言不由衷的热情让你哭笑不得。

我早晨到莫斯科，特快列车已经运行。噢，我的被子！噢，我的肉饼！小狗，小狗，我是多么想念你！

拥抱你，亲吻你，你要好好待我。如果你不再爱我，或者是对我冷淡了，那么你就直说，不必不好意思……

你的安

1　这是契诃夫写给妻子克尼碧尔的最后一封信。

2　指日俄战争中四月十八日在丘列恩切附近的战役。

227

致库普林　1904年5月5日　莫斯科

亲爱的亚历山大·伊万诺维奇，有人告诉我说，您生我气了，因为我没有给您一月十七日首演的《樱桃园》的戏票，或是说，给您留的是后排楼座的票。我诚心地向您保证，我到开演前的最后一刻也为您保留着第二排（或许甚至是第一排）的票，我一直恭候着您的光临……我不可能给您楼座的票，我给您的票要么是池座的，要么是厢座前排的。

我到莫斯科来了，身体不好！想读您的小说……

您的安·契诃夫

译者注

这是朋友之间的一场误会。契诃夫做了真诚的解释，最后还说“想读您的小说”，这让库普林很难为情，后来他向人回忆了这场误会：“……有一次我生了他的气……是这样的一件事。在莫斯科要举行《樱桃园》首演，我从彼得堡专程去了莫斯科，给契诃夫写了短笺要票，但他答应给我一张后排的票，我以为这是对我的怠慢，就没有去看戏……后来我接到契诃夫一封可爱的信，原来他口袋里放着一张给我的第一排的票……我顿时感到羞耻！真的，我难道有权向他提出特殊的要求？他那时正病着，还承受着剧本首演的高度紧张，而且还是《樱桃园》这样的剧本首演！当然，是我大大地错了。”

228

致玛·契诃娃　1904年5月16日　莫斯科

亲爱的玛莎，我的身体见好，饮食如常，还在卧床，但我想再过两三天就能起床了。

晚上别让人把我书房里的植物搬到屋外去，小松树得每隔三天（也就是三日、六日、九日、十二日……）浇一次水，这我已关照过阿尔谢尼雅了。

没什么新闻。祝健康，少想事儿，晚点睡觉，多读点书……

向妈妈问好。寄信来，谈谈新闻，谁到雅尔塔来了，人们有什么议论。祝健康。

你的安

229

致留比莫夫　1904年6月2日　莫斯科

尊敬的列昂尼德·伊万诺维奇！我病了，从五月二日起就卧床了，明天出国治病，但我还是来得及给您的儿子亚历山大做点什么。今天我已经让一位先生去和校长沟通，明天我再和另一位先生说说。

我下月末或八月初回来，到那时我会全力以赴地办这事，务必让您的愿望得以实现。我对您的愿望十分同情。

谢谢您善良的来信，祝您和您全家安好。

忠诚于您的安·契诃夫

译者注

留比莫夫是个卑微的教堂助祭和中学教员，他的儿子亚历山大在外省的一个大学上医学系二年级。他写信给契诃夫，希望能帮助儿子转学到莫斯科大学的医学系来，契诃夫答应帮忙。

230

致戈列采夫　1904年6月3日　莫斯科

亲爱的维克多尔·阿历克山德罗维奇，就在我出行之前，收到了这封信。这封信是助祭留比莫夫写的，他也当过几个中学的教师，是个非常好的好人。您能帮忙吗？

亲爱的，您想想！助祭是个穷人，而现在不得不把儿子送到外地去。

我要走了。紧紧地拥抱您。来信。

您的安·契诃夫

把信保存好!

译者注

契诃夫履行了对留比莫夫做出的“明天我再和另一位先生说说”的承诺。这位先生就是兼政论作家、记者与《俄罗斯思想》编辑于一身的戈列采夫。

231

致玛·契诃娃　1904年6月28日　巴登威勒

亲爱的玛莎，这里的酷暑弄得我手足无措，因为身边只有冬天穿的衣服，我有点喘不过气来了，想着离开此地。但是到哪里去呢？我倒是想去意大利的科莫湖，但那里的游客也给热坏了。欧洲的南部到处都热。我想坐船从特里耶斯特到敖德萨一游，但我不知道在六七月间能否实现。或许让舒尔仁去了解一下那边轮船上的情况：条件好吗？沿途停船的时间长吗？船上的伙食好吗？等等。如果船上条件不错，这对我是一次再好不过的旅游。如果舒尔仁能给我打个电报（电报费由我支付），那就是给我帮大忙了。电文应该这样："巴登威勒，契诃夫。好。十六。星期五。"意思是说：轮船条件好。航程十六天。星期五开船。当然，这只是电文的参考格式，如果是星期四开船，就不能写星期五了。

如果稍稍有点热，那么还不可怕，我可以穿法兰绒的衣服。但我得承认，我有点怕坐火车了。现在车厢里闷热，尤其是我的哮喘病遇到点麻烦就会加重。而且，从维也纳到敖德萨的火车上没有卧铺，这就遭罪了。还有，火车跑得太快，不用多久就能到家，而我还没有在路上玩个够。

天非常热，简直想光膀子，不知如何是好。奥尔加到弗列堡给我定做一件法兰绒的衣服去了，在巴登威勒这里既没有裁缝，也没有鞋匠。她拿走了一件杜沙尔裁缝给我做的衣服当样板。

我吃得很好，但吃得不多，常闹胃病。这里的油我吃不得。显然，我的胃已不可救药，除了素食之外别无他法，但吃素等于什么也不吃。而缓解哮喘的唯一良药是静止不动。

没有一个穿戴得体的德国女人，没有格调，真让人沮丧。

好了，祝你健康和快乐，问候妈妈、万尼亚、舒尔仁、老大娘和其他所有的人。来信。吻你，握手。

你的安

译者注

这是契诃夫一生的最后一封信。

弗列堡是巴登威勒附近的一个城市。契诃夫写这封信是在一九〇四年六月二十八日，这天克尼碧尔到弗列堡去给契诃夫定做衣服，说好了三天可以做好，但三天之后的一九〇四年七月二日（公历七月十五日）凌晨契诃夫与世长辞。

随笔

由于气候、智力、精力、趣味、年龄、视力等方面的差异，人的平等是永远不可能的。所以，不平等应该被视为颠扑不破的自然规律。但我们可以把这种不平等变得不易觉察，就像我们把雨和熊中间的差异抹平了。在这方面，文化和教育能起很大作用。一个学者就能让一只猫、一只老鼠、一只鹰、一只麻雀，一齐凑在一个碟子上吃东西。

* * *

比我们愚蠢和肮脏的是老百姓。行政当局把人分为纳税的人和享有特权的人……但任何一种分类都没有用处，因为我们都是人民，我们所做的一切美好的工作，都是人民的事业。

* * *

终生劳役产生了流浪汉。

注：一八九〇年契诃夫考察了终生劳役流放地萨哈林岛之后，一再思考终生劳役制度与流浪汉现象的关系。契诃夫认为，终生劳役扑灭了劳役犯重获自由的希望，于是有些劳役犯只好铤而走险逃离流放地，这些人就成了没有户籍、无人照看的流浪汉。一八九一年五月十三日契诃夫在一封信中说：“我将为反对终生劳役制度而奋斗，我在这个制度中看到了一切罪恶的根源。”契诃夫也把这个观察写进了他的《萨哈林旅行记》一书。

* * *

在俄国的饭馆里，干净的桌布也散发着臭味。

注：这句话出现在契诃夫写于一八九二年的小说《妻子》中，也出现在写于一九〇三年的剧本《樱桃园》里。剧中女主人公有一句台词："你们的餐厅太次了，放的音乐也很俗，桌布散发着肥皂的臭味。"（《樱桃园》第二幕）

* * *

伊万会谈爱情哲学，但不会谈恋爱。

* * *

哈姆雷特为什么要追寻鬼魂的幻影，生活中的鬼魂不是更可怕吗？

注：契诃夫从少年时代就关注哈姆雷特的性格，他的戏剧处女作《没有父亲的人》中的主人公有一句台词："哈姆雷特害怕做梦，我害怕生活。"

* * *

十月份，约有四百人到叶戈罗夫处请求救济。丈夫、妻子、母亲、五个孩子五天时间都以野菜汤充饥。挨饿两天到五天是常有的事。我目睹一个农民带着婆娘冒着大风雪步行八里地来请求救济。

注：一八九二年一月，契诃夫到饥荒最严重的日戈洛德省参加赈灾工作。叶戈罗夫是灾区的一位乡长。"冒着大风雪步行"的风险，契诃夫也经历了。一八九二年一月十八日契诃夫在信里说到了一次历险："天寒地冻，大风雪呼啸。昨晚差点没有把我从野地里卷走，我迷了路。好恐怖啊！"

* * *

姐夫晚饭后说："在这个世界上什么都有个尽头。您要明白：如果您爱，您就会痛苦，就会犯错误，就会吃后悔药；如果您不再爱，那您要明白，一切就会了结。"姐夫已有白发。当年他可是个美男子。

* * *

未婚妻虔诚，信仰明确，曾令他高兴。可当她成了妻子，这明确的信仰已经使他气恼。

注：契诃夫小说《三年》中有这样一段：

当初订婚的时候，她信教的虔敬，曾感动过他；现在呢，她那种迂腐保守的思想和信仰，在他看来，似乎成了障壁：那障壁后面的真相，休想看得见。他的婚姻生活中，每件事情都已经使

他痛苦。(《三年》第七章)

* * *

在车厢里姐夫对他说:"你怕什么呀?这有什么可怕的?难道你因此会有什么损失?"

他习惯于认为,如果女人害怕了,反抗了,痛苦了,那就意味着他已经打动了她的心,他已经获得了成功;如果女人对他的举动反应冷淡,或哈哈大笑,这就是她不喜欢他的征象。

* * *

俄罗斯的严酷天气造就了卧式暖炕和随随便便的衣着。

* * *

德国人好样的:他们谈论羊毛的价钱。而我们俄国人立即会高谈阔论,谈论解放,谈论女人,谈论宪法,等等。特别是谈论女人。

注:这几句札记后来演化为小说《阿莉阿德娜》(一八九五)的开篇:

在从奥德萨开往塞瓦斯托波尔的一条轮船上,一位相当漂亮的绅士,生一把小小的圆胡子,走到我跟前来,抽了一口烟说:

“看见坐在避风处附近的那些德国人没有？每逢德国人或英国人凑到一块儿，总是谈谈收成啦，羊毛价钱啦，或他们的私事。可是不知道什么缘故，咱们俄国人凑到一块儿，从来不谈别的，光是谈女人啦，抽象的题目啦——不过特别是女人。”

* * *

爱情是幸福。所以几乎在一切时代，在所有有文化的人群中，广义的爱情和丈夫对于妻子的爱情都同样称为爱情。如果爱情时而又是残酷和具有破坏力的，那原因并不在爱情本身，而是在人的不平等。

当一些人富足、聪明和善良，另一些人贫困、愚昧和凶狠，而且人的不平等在进一步扩大的时候，无论什么样的幸福都只能导致纷争。

* * *

他从生活中获得的享受仅仅来自两个方面：写作和大自然。

* * *

生活的幸福和愉悦不在金钱，也不在爱情，而在真理之中。如果你希求动物性的幸福，那么生活无论如何都不会让你陶醉，让你成为幸福的人，反倒会不时地打击你，让你张皇失措。

* * *

卧室。月光射进窗户。甚至可以看到衬衣上的小纽扣。

* * *

善良的人甚至在狗的面前也感到害羞。

* * *

和他相处很乏味，你很难对他有所发现。为了知道他是个善良的人，聪明的人，具有自己优点的人，需要和他一起吃完三普特的盐。

* * *

我们只是谈论关于爱情的话题，阅读关于爱情的书籍，但我们自己很少谈情说爱。

* * *

一辈子只有过一次幸福——在阳伞下。

注：这句话演变为《三年》第十六章的一个段落：

“不管怎样吧，人不得不丢开幸福的一切念头，”他说，望着外面的大街，“根本没有幸福。我从来也没有过幸福，而且我想，恐怕幸福是根本不存在的。不过话说回来，我这一辈子，倒也幸福过一回，就是那天晚上我打着你的阳伞坐在那儿的时候。还记得你把你的阳伞忘在尼娜家里吗？”他转过身来问妻子。“那时我爱着你，我还记得我打着你的阳伞坐了一个通宵，觉得十足的幸福。”

* * *

一位四等文官瞅了一眼美丽的风景，说：“多么美妙的大自然的机能！”

* * *

某地方议会的职员因盗用公款而自杀。我和某警官前去验尸。来到现场一看，死者躺在桌子上。夜深了。验尸推迟到明天。那位警官到邻居家打牌。我躺下睡觉。门一会儿打开，一会儿关上。就像尸体在走动。

注：这是小说《出差》的情节轮廓。

* * *

我鄙视这物质的躯壳和一切属于这躯壳的东西。

注：试比较《海鸥》（一八九六）中多恩的台词：

如果我能领略到艺术家在创作中可以领略到的那种精神的亢奋境界，那我就会鄙视这物质的躯壳和一切属于这躯壳的东西，那我就宁可脱离尘世升腾到高空里去。(《海鸥》第一幕)

* * *

良好教养不是表现在自己不把作料碰翻在桌布上，而是表现在别人碰翻的时候自己视若无睹。

注：此条札记用在了《带阁楼的房子》(一八九六)里。

* * *

一个穷苦的姑娘，是个中学生，她有五个幼小的弟弟，她嫁给一个富有的官僚，这个官僚骂她白吃饭，要求她顺从，向他表示感谢，还羞辱她的家人。“每个人都应该有自己的责任。”她一直忍受着，不敢反抗，生怕再回去过穷日子。一个大人物发出参加舞会的邀请。在舞会上她风光无限。大人物爱上了她，让她做情人，她现在有了保障。她发现，官员们向她谄媚，丈夫也离不开她了，她便在家里轻蔑地对丈夫说：“蠢货，您给我走开！”

注：这是小说《挂在脖子上的安娜》的情节轮廓。

* * *

她曾是演员的妻子，她爱戏剧，爱作家，好像她整个人都投入了丈夫的事业，大家都惊奇，她怎么有这样成功的婚姻；但丈夫死了，她又嫁给了一个糖果商，于是她开始憎恶戏剧，好像她所爱的就是果子酱，因为她对第二个丈夫有了宗教般的虔敬。

注：这是《宝贝儿》(一八九九)的创作构思。小说主人公奥莲卡(外号“宝贝儿”)先嫁给一个剧场经理，便认定“世界上最美妙、最重要的是戏剧”。丈夫死后，宝贝儿改嫁木材商人，从此她“觉得生活中最重要的东西就是木材”。木材商人死后，宝贝儿与一个兽医成了相好，于是宝贝儿就认为“对家畜的健康应该跟对人类的健康一样关心才对”。

***

摘自一只老狗的日记：“人不吃厨娘倒掉的泔水和骨头。笨蛋呀!”

***

农民辛勤地劳作，但不说“劳作”这个词。

注：小说《我的生活》(一八九七)中有这一段：

如今我生活在这样一群人当中：对于他们，劳作是必不可少、不能避免的；他们像拉大车的马那样劳作。可是他们往往连“劳作”两个字的精神价值也不懂，这两个字他们在谈话时是从来不用的。

* * *

在“有上帝”和“没有上帝”之间有一个辽阔的地带，真正的智者艰难地穿行于这辽阔地带。而俄国人只知道这两个极端中的一端，他们对中间状态不感兴趣，所以，一般来说，他们要么一无所知，要么所知甚少。

* * *

顺着这条被叫做文明、进步、文化的梯子爬吧——我真诚地提出这样的建议，向哪里爬？我不知道。可是单单为了这条梯子，也值得活下去。

注：这条札记后来用在了《我的生活》第六章中。

* * *

建造桥梁的时候，工程师租了处宅院，和全家像住别墅一样地住着。他和妻子经常帮助当地的农民，而农民却来盗窃，来搞破坏……工程师来到农民跟前。

“我为你们做了这个那个，而你们却以怨报德。如果你们是正派人，你们就应该以德报德。”他转过身去，走了。农民搔搔痒，说：

“得赔他点钱……该赔多少，不知道……”

“咱们去问问乡长。”

结论：关于工程师敲诈的传闻。

注：这是小说《新别墅》（一八九九）初稿中的一个情节。

* * *

没有信仰，人无法生活。

* * *

他被雨声惊醒。

注：《海鸥》第四幕特里波列夫的台词：

特里波列夫　（准备写作，将已写完的稿子重读一遍）……（读）“墙上的海报宣称……黑头发衬托出苍白的脸……”“宣称”、“衬托”……这多平庸。（抹掉）就用主人公被雨声惊醒作开头，其余统统删去。

* * *

你们这些墨守成规的人，篡夺了艺术的大权，你们以为只有自己那一套玩意儿才是合法的，而其余的一切你们都想压制。

***

如果全社会崇敬演员，把他们看成不平常的人，那就意味着，这个社会洋溢着理想主义的激情。

注：《海鸥》第一幕多恩的台词：

多恩　　如果全社会都喜欢演员，大家对他们另眼看待，比方说，他们要比商人更受人尊重，那也完全合乎情理的。这就算是理想主义吧。

***

标题：醋栗。某人在税务署当差，极其吝啬，攒钱。理想：结婚，购买庄园，在阳光下睡觉，在绿草上喝酒，喝红菜汤。二十五岁、四十岁、四十五岁过去了。不想再结婚了，就想庄园。终于到了六十岁。阅读很多关于有上百亩土地、小树林、小河、池塘、磨坊的庄园的诱人广告。辞职。通过中间商购置一块带有池塘的庄园……在自己的花园里溜达，感到还有缺憾。终于想到，他缺少醋栗，差人去苗圃。两三年后，他得了胃癌，死期近了，人们给他端来一盘醋栗。他冷漠地看了看……而在旁边的房间，胸脯丰满的侄女，一个爱叫嚷的女人开始接管家务。（他秋天种下醋栗，冬天便一病不起。他看着盛有醋栗的盘子，想：生活给予我的就是这些！）他是个破落地主的儿子，常常回忆在农村度过的童年。

注：这是小说《醋栗》的情节框架，发表时情节有所改动。

＊＊＊

男人不结婚，女人也不结婚，是因为对彼此没有任何兴趣，甚至是肉体上的兴趣。

＊＊＊

已经长大了的孩子们在饭桌上议论宗教，对素食和修道士大加批评。年老的母亲先是怒不可遏，后来许是已经习惯了孩子们的孟浪，她只是微微一笑；末了，她竟突然宣称他们说服了她，说她和他们已经观点一致。孩子们反而感到难过，他们心里没有底，失去了宗教信仰的老太太，会做出什么事来。

＊＊＊

不存在某国的科学，就如同不存在某国的数学加减法。如果是国家的了，那就不是科学的了。

＊＊＊

退伍老兵谢尔盖·尼基福罗夫·基里耶夫，五十九岁。十年前，两眼昏花。

注：这是契诃夫一八九五年八月间在列夫·托尔斯泰家见到盲人老兵基里耶夫后写的札记。一八九五年八月八日契诃夫造访雅斯纳亚·波利亚纳的托尔斯泰庄园，托翁亲切地接待了他。第二天早晨，庄园里出现了一个年老的盲人，叫基里耶夫，他是来请求施舍的。托尔斯泰和契诃夫很同情这位不幸的老人，托尔斯泰请契诃夫想点什么办法帮助他。契诃夫的哥哥亚历山大其时正在彼得堡编《盲人》杂志，契诃夫便给亚历山大写了封信：

"我希望你满足我下面的一个请求。两天前的早晨，我正在雅斯纳亚·波利亚纳，在列夫·托尔斯泰面前出现了一个背着背包的人，他是来请求施舍的。他两眼昏花，视力极差，摸索着走路，已经丧失劳动能力。列夫·托尔斯泰让我呼吁一下，能否把这个流浪者安置到某个盲人收容所去？因为你是盲人事业的专家，因此请你一定给这个流浪者一些指导，告诉他应该向哪儿提出申请，申请书上该写些什么内容。"

* * *

每当一个家庭里有人害很久的病，大家便在心底里巴望着他死；只有小孩子害怕死亡，一想到妈妈要死总是十分恐慌。

* * *

靠不义之财得到朋友，靠朋友得到不义之财。因为正如人们所说，天下没有也不可能有正义之财。

注：这是小说《我的生活》(一八九六) 中主人公对屠尔希科夫的女儿说的话。(《我的生活》第七章)

***

这个不合时宜、突如其来的爱情很像这样一个故事：你领着孩子们到什么地方去散步，这次散步很有趣、很快活，但突然有个孩子吞了一肚子的油彩。

***

如果有人发表反对金钱、反对利息和发财的言论，那么雅科夫会认为这是一个不喜欢工作的人在胡言乱语。要知道当一个穷人，不用心思攒钱，要比当一个富人更容易。

***

孤独的人常上饭店和澡堂去，目的在于聊天。

注：小说《关于爱情》(一八九八) 中有这样一段：

看样子，他好像要讲故事。凡是过独身生活的人，心里总藏着点事，一心想讲出来。在城里，单身汉常上澡堂和饭店去，目的就在于聊天，往往把顶有趣味的事件讲给茶房听；在乡下，单身汉照例对客人吐露心曲。现在，我们从窗口望出去，可以瞧见一片灰色的天空和沾了雨水的树木；遇到这样的天气，我们没有地方可去，也无事可做，就只好自己讲故事，或者听人讲故事。

* * *

描写生活，既不能照着生活原来的样子，也不能照着它应该是怎样的样子，而是应该照着它在幻想中的那个样子。

注：这句话稍做改动后，成为了《海鸥》第一幕中特里波列夫在说明他的艺术主张时的台词。

* * *

演员和作家联手担保：要是他们把你接纳进自己的圈子，你就名扬全俄罗斯。

* * *

某个著名的天文学家或政论家死了，报纸仅发五行字的讣告，而要是演员或作家死了，讣告会占两栏，而且还发在报纸头版，用黑框圈起来。

* * *

索林：我非常想当作家！我想做两件事：结婚和当作家，但这两件事都没有做成。

注：《海鸥》第四幕中索林有一段台词：

索林　我想给柯斯嘉提供一篇小说的素材。这小说该叫《空想一辈子的人》。我年轻时想当作家，但没有当成，想说话流利动听，但偏偏说得前言不搭后语……我也想过结婚，但没有结成；一直想住到城里去，但你瞧，我终于要死在这乡下了。

* * *

不能与恶对抗，倒可以与善对抗。

* * *

我的心那么沉重，如果能把它从胸膛里挖出去才好。

注：后来成为《带阁楼的房子》里画家的一段内心独白：

我开始对自己不满，对自己的生活感到遗憾。日子过得如此匆忙和无趣，所以我老是想：要是能把心从自己的胸膛里掏出来该多好，它已是这般不堪重负。”（《带阁楼的房子》第二章）

* * *

一个毫无才气的学者，头脑冬烘，工作了二十四年，没有做出任何业绩，只是给世上培养了几十个像他一样目光短浅、毫无才气的学者。他每天晚上悄悄地装订书籍——这才是他真正的专长；在这方面他是行家里手，而且也从中获得乐趣。

常有一个爱好学问的书籍装订匠去拜访他。此人每天晚上悄悄地研究学问。

* * *

臂短颈长的孕妇，像袋鼠。

* * *

尊重人是何等的享受！当我看到书籍的时候，我不关心这些作者曾经怎样谈恋爱、怎样玩纸牌，我看到的仅仅是他们了不起的工作成绩。

* * *

只爱纯洁的人——这是自私自利；在女人身上寻求自己没有的品质——这不是爱情，而是崇拜，因为一个人应该爱一个与他平等的人。

* * *

所谓孩童般纯洁的生活快乐乃是动物的快乐。

* * *

穷医生和医士即便想到自己是在为一个理想服务，也不能得到慰藉，因为他们整天忧虑的是薪俸和一小块面包。

注：小说《在马车上》（一八九七）有这样一段：

教师、穷医生和医士即便想到自己在为一个理想、为民众服务，也不能得到慰藉，因为他们满脑子里想着面包和劈柴，还要为糟糕的道路和疾病等问题发愁。

* * *

果子酱。刚出嫁不久的女儿在熬果子酱。旁边坐着母亲。女儿的短袖子下面露出霸道的小胳膊。母亲宠爱女儿。举行宗教仪式似的威严。痛苦的感觉。

注：这是《在故乡》（一八九七）的创作札记，但在发表前有所改动。《在故乡》第三章的相关段落：

姑姑一整天就在花园里熬樱桃果子酱。……姑姑熬果子酱的时候那么严肃，仿佛在举行宗教仪式，短袖子下面露出她那强壮的、霸道的小胳膊，女仆不停地跑来跑去，在吃不着的果子酱四周忙碌，人总有一种痛苦的感觉。

* * *

我忍受不了孩子的哭声，但我听不见自己孩子的哭声。

* * *

犹太人改变信仰的轻松，很多人以冷淡加以辩护。但这不是辩护。应该尊重冷淡，没有必要把它改掉，因为好人的冷淡同样也是一种宗教情怀。

* * *

人的行为依据他们的目的来判断，目的伟大则行为也伟大。

* * *

坐车走在涅瓦大街上，看看左边的干草广场：烟色的云彩！夕阳的紫球——这是但丁的地狱！

* * *

早先他以为怪人是病人，而现在他认为怪人是人的正常状态。

* * *

如果有人一个劲儿钻进并不与自己贴心贴体的领域，比如艺术领域，那么他一定会变成一个官僚。在科学、戏剧和绘画周围聚集着多少这样的官僚！谁不爱生活，不会生活，谁也就只能是个官僚。

* * *

我发现，人结婚之后就失去了好奇心。

* * *

为了感受到幸福，一般只需要给钟表上一次发条的时间。

* * *

车站旁肮脏的饭馆。在每一个这样的饭馆里，都能见到加辣酱的腌白鲟鱼。在俄罗斯得腌多少白鲟鱼啊！

* * *

头脑要清醒，良心要干净，外表要整洁。

***

每一个幸福的人的房门后面，都应当站上一个拿着小锤子的人，经常敲着门提醒他，世上还有不幸的人，在短促的幸福之后，不幸必定会降临。

注：小说《醋栗》中的相关段落：

每一个满足而幸福的人的房门前都应当站上一个人，手里拿着小锤子，经常敲着门提醒他：天下还有不幸的人，不管他自己怎样幸福，生活却迟早会对他伸出魔爪，灾难会降临，例如疾病、贫穷、损失等。

***

夕阳西下的时候，有时能看到不寻常的景致，也就是人们日后在画儿上看见时，不能相信的景致。

注：小说《农民》中的相关段落：

每天傍晚，火红的春霞和华丽的云彩形成新的、不平凡的、叫人难以置信的景致，也就是人们日后在画儿上看见那种色彩和云彩时所不能相信的美景。(《农民》第九章)

***

会有那一天的，那时知识分子会把你这个农民当作自己的儿女一样培养和教育，给你科学和艺术知识，而不是现在的残羹剩饭，但在那之前，你是奴隶，是炮灰。

***

三月。气温零度以下，天色阴沉，刮着小风，潮湿，闷气——糟糕的天气，但春天毕竟不远了。

***

雌麻雀觉得，她的雄麻雀不是在叽叽喳喳乱叫，而是在美妙地歌唱。

***

这些面颊红润的女人和老太太是如此健康，从她们身上简直能喷出蒸气来。

***

不是精神病和精神病人的数目增长了，而是能够发现精神病的医生人数增长了。

* * *

人愈有文化就愈不幸。

* * *

生活与哲学脱节：没有闲适就没有幸福，能够让人满足的是人并不需要的东西。

* * *

家里人先让祖父吃鱼，如果他吃了之后没有中毒，还活着，全家人就都吃那鱼。

* * *

通信。一青年期望献身文学，他常把自己的这个意愿写信告诉父亲，终于有一天他抛弃了差事，来到彼得堡把自己献身给文学——去当书刊检查官。

* * *

一个富有的老头，预感到死期临近，命令仆人送来一盘蜂蜜，他就着蜂蜜吃掉了自己的钱。

* * *

某人被车轮轧断了一条腿，他非常焦急，因为穿在那条断腿上的靴子里藏有二十一个卢布。

* * *

头等卧铺车厢。六、七、八、九号旅客。他们在议论媳妇。老百姓吃婆婆的苦头，而我们知识分子却吃媳妇的苦头。

我的大儿媳妇，有文化，在学校和图书馆做事，但她不懂礼貌、脾气粗暴、非常任性；而且令人反感。在饭桌上她会因为报纸上的一篇什么文章大动肝火。是个装腔作势的女人。

另外一个媳妇，在外边场面上还说得过去，但一回到家里就不成体统：又抽烟，又小气，在就着方糖喝茶的时候，她总是把糖咬在嘴唇和牙齿之间，一边还喋喋不休地说话。

* * *

某甲到某乙家去留宿，某乙是素食主义者。他们吃晚饭。某乙解释他为什么不吃肉。某甲全都明白，但还是有疑问：“在这种情况下猪会怎么样呢？”某甲能够理解各种自由自在的动物，但理解不了自由自在的猪。晚上他睡不着，有一个问题困扰着他：“在这种情况下猪会怎么样呢?”

* * *

就像对于一个收监的犯人，谁也不好意思问他一声因为什么事情判的罪；同样，对于很有钱的人，谁也不便问一声他们要那么多钱有什么用，为什么他们这么不会利用财富。这样的谈话一般总是难为情的，让人发窘的，这样的谈话过后会出现事先没有想到的互相冷淡。

注：小说《出诊》(一八九八)中的相关段落：

怎么说呢？对于受了判决的人，谁也不好意思问他一声为什么事情判的罪；同样，对于很有钱的人，谁也不便问一声他们要那么多钱有什么用，为什么他们甚至在看出财产造成了他们的不幸的时候还不肯丢掉那些财产；要是谈起这种话来，总会觉着难为情，让人发窘，而且会说得很长。

* * *

主妇很高兴，客人们终于要起身走了，她说：你们再坐一会儿吧。

* * *

在新的文学形式后面，一定会跟着出现新的生活形式（文学是先驱），这就是为什么思想保守的人那么敌视新的文学形式。

* * *

人们常常喜欢谈论自身的病，其实，生病是人生中最乏味的事。

* * *

一个生病的旅店老板向医生提出请求："看在上帝的分上，您只要一听说我发病就立即赶来，不必等到有人请您。我妹妹是不会去请您的，因为她吝啬，您出一次诊要三个卢布哩。"过了一两个月，医生听说旅店老板病重，正想前去看他，却收到他妹妹的来信："我哥哥死了。"五天之后，医生偶尔路过这个村子，得知旅店老板这天早上刚刚病故。愤怒的医生走进旅店。老板的妹妹身穿黑色丧服，正站在房间一角朗读赞美诗。医生开始数落她的吝啬和残酷。老板的妹妹照样读着赞美诗，每读两三句诗，向医生回骂一句（"你这号人我见多……见你的鬼去吧"）。她很古板，恨人恨得深，骂人骂得凶。

* * *

新任命的省长召集自己的下属，发表了一通演说。把商人召集来，也发表了一通演说。在女子中学结业典礼上，发表了关于模范教育的演说。向报界代表发表演说，召集犹太人开会，说：“犹太人！我号召你们……”

一两个月过去了，他毫无作为。又把商人召集来，发表了一通演说。又对犹太人说：“犹太人，我号召你们”……大家都烦透了。最后他对上司说：“不，我干不了这个，亲爱的。我提出辞职。”

***

带着老婆上巴黎，就如同带着茶炊上图拉。

注：图拉是俄国以生产优质茶炊而闻名的城市。

***

动物具有揭开秘密（找到洞穴）的恒久追求，于是作为与这种动物本能的抗争，人尊重别人的隐私。

注：这则札记经契诃夫略做改动，写进了小说《牵小狗的女人》：

每个人的私生活都得靠秘密来维持，所以，或许，多多少少是出于这个缘故，文明人才会十分焦急地谋求对个人隐私的尊重。（《牵小狗的女人》第四章）

***

一个法国部长的回忆录。

注：这是一个因巴拿马事件下狱的法国部长写的关于自己囚徒生活的回忆录。契诃夫在《三姐妹》一剧中，让剧中人物韦尔希宁提到了它——

韦尔希宁　　前几天读了一个法国部长的狱中日记。他因官商勾结的大案子而获罪。谈到透过监狱的窗子看到的几只飞鸟时，是带着何等的着迷和狂喜啊，这几只小鸟，他当部长时从没在意过。自然，现在如果把他释放，他还和从前一样不去在意。您将来住在莫斯科，也就不会在意莫斯科了。我们没有幸福，而且将来也不会有，我们只不过希望着它罢了。

* * *

让将来的每代人得到幸福好了。但他们到时候得问问自己，他们的祖辈曾经为了什么生活过，为了什么痛苦过。

* * *

对于某种事物的一致憎恨，比爱情、友谊、尊敬更能团结人。

* * *

一个地处荒野的工厂，表面一看，很安宁、很和谐，但如果往里边看看，就会发现厂主的极端无知和自私，就会发现工人的绝望处境，到处是争吵、伏特加、臭虫。

* * *

一封信上说："俄国人一出国，不是当奸细，就是当傻瓜。"邻居为了平复爱情的创伤去了佛罗伦萨，但距离远了，爱得却更深。

* * *

恶行乃是人一生下来就背着的包袱。

* * *

一个行乞的盲女唱着情歌。

注：这个札记扩写到了小说《主教》里——

主教不由地想起在他的故乡，一个行乞的盲女唱着情歌，弹着吉他，而他一边听着歌声，一边不知为什么总是想到那逝去的岁月。(《主教》第二章)

* * *

一个工厂。一千个工人。夜晚。更夫在打更。繁重的劳动，很多痛苦——一切都是为了平庸的工厂主：愚笨的母亲、女家庭教师、女儿……女儿病了，去请莫斯科的教授，但教授没有来，他派了一个住院医生。住院医生晚上听到敲更声，开始思索。想到木桩上的建筑物。“难道自己的整个生命就像这个工厂，活着仅仅是为了这些渺小的、饱食终日的、肥头胖耳的、游手好闲的、愚不可及的人？”

注：这是小说《出诊》的情节轮廓。

＊＊＊

请求穷人帮助，比请求富人帮助要来得容易。

＊＊＊

不长胡子的男人就相当于长胡子的女人。

＊＊＊

套中人，穿雨鞋，伞在套子里，表在套子里，刀在套子里。当他躺在棺材里，他好像微笑了：他实现了自己的理想。

注：这是契诃夫小说《套中人》主人公别里科夫的基本形象勾勒。

＊＊＊

民族的力量和生机是在知识分子身上，是在那些能够真诚地思索、感受并善于工作的知识分子身上。

* * *

你的面包是黑色的，你的命运也是黑色的。

* * *

不能用温和的方式征服对方的人，也不可能用严厉的方式征服对方。

* * *

人只需要三俄尺[1]土地。

不是人，而是死尸才只需要三俄尺土地。人需要整个世界。

注：小说《醋栗》中的相关段落：

人们通常说，一个人只需要三俄尺的土地。可是要知道，三俄尺是死尸所需要的面积，而不是人需要的……人需要的不是三俄尺土地，也不是一个庄园，而是整个世界，整个大自然。在那广阔的天地中，人才能够尽情发挥他的自由精神的所有品性。

* * *

在工厂主的丧宴上，教士吃光了所有的鱼子酱。神父捅了捅

1　一俄尺等于0.711米

他的胳膊，但他因为陶醉在美食之中而麻木了，什么也没有感觉到，只是吃鱼子酱。回家的路上，神父生气了，不理睬教士。晚上，教士向他下跪：原谅我吧，看在上帝的分上！

人们没忘记鱼子酱。当有人问：是哪个教士？人们就说是在赫雷莫夫家的丧宴上吃光所有鱼子酱的那个教士。又问：是哪个村子？就是那个住着把所有鱼子酱都吃光了的教士的村子。他是谁？就是那个吃光了所有鱼子酱的教士。

注：这是小说《在峡谷里》(一九〇〇）的开篇：

乌克列耶沃村坐落在峡谷里，因此从大道上和火车站上只能看见教堂的钟楼和纱布印花厂的烟囱。过路的人一问起这是什么村子，就会听见人家说："这就是教士在丧宴上吃光了所有鱼子酱的那个村子。"

***

有一个智者，就有一千个愚者，有一句妙语，就有一千句蠢话，一千压倒了一，所以城市和乡村都进步得很慢。大多数人总是愚笨的，总是占压倒性多数的。智者不妨先放弃将愚者教育和提升到自己水平的奢望；而是去修建铁路，发展电报电话事业，并获得成功，把生活推向前进。

***

真正的正派人只能在抱有明确信念的保守派人士或自由派人

士中找到；所谓的温和派，很热衷于奖赏、津贴、勋章、外快。

* * *

当你爱着的时候，你能在自己心中打开多少精神的宝藏，会有多少柔情、温存，你甚至不能相信，你会这样爱着。

* * *

为什么我非要等地沟自动封口，或是等淤泥填满呢？我还是一跃而过或是建一座桥更好。

注：《醋栗》中的相关段落：

你们会引经据典说什么事物和现象的自然规律和道理，这里有什么规律和道理可言？如果我，一个有思想的活人，站在一条地沟面前，本来可以一跃而过或是建一座桥过去，却非要等地沟自动封口或是等泥土填满，究竟为什么要等待呢？直等到没有了生活的力气。而人是多么需要生活和渴望生活啊！

* * *

一个刚刚从文学系毕业的年轻人回到了故乡的小城市。他被选为教堂的理事。他不信教，但他得履行教堂理事的职责，要在教堂和钟楼旁边不断地画十字，心想人民需要这个，这是为了拯救俄罗斯。后来又被选为地方议会的主席，被选为民事法庭的荣誉法官，得到了很多勋章和奖章——不知不觉之间他到了四十五岁，这才醒悟过来，他到现在为止都是在装模作样，扮演小丑的角色，但要改变生活，已经为时已晚。有一次在梦中突然好像听到一声枪响："您在干什么？"——他一跃而起，浑身是汗。

* * *

多数富人妄自尊大，而他背负着自己的财富，如同背负罪恶。如果女士们和将军们搞慈善活动不来向他请求赞助，如果没有穷大学生，没有乞丐，他就会感到苦恼和孤独。如果穷人罢了工，不来向他乞求救济，他会自己主动去找他们。

* * *

为了把事情干得聪明，光靠聪明还不够。

* * *

看到一个胖胖的、食欲极佳的女人，心里就想：这不是一个女人，而是一轮满月。

* * *

令女人着迷的不是艺术，而是包围着艺术的喧闹。

* * *

N君要是拍集体照，一定站在前排中间，要是有登记簿，一定第一个签名，要是开会，一定第一个发言。他总是发出惊叫：噢，多鲜美的汤！噢，多美味的油炸果子！

* * *

Z君烦透了频繁的客人来访，便花钱雇用了一个法国女人，让她住在家里，形同情妇，这让太太们感到难堪，从此不再登门拜访。

* * *

区衙门里也安了一架电话，可是不久那架电话就给臭虫和蟑螂爬满，打不通了。

注：这则札记用在了小说《在峡谷里》的第一章。

* * *

可怜的多灾多难的艺术！

* * *

包工头出身的X看待一切问题都从是否需要修理的角度出发，他给自己找了一个健壮的妻子，为了不必对她进行修理；N能吸引他的是，尽管她长得胖，但走路却又轻又稳，响声不大；也就是说，她处处合格，全部零件都没有毛病。

注：这是对小说《在峡谷里》叶里扎洛夫这一人物的性格设计。

* * *

一个军官到医生这里来看病。钱是放在盘子里的。医生从镜子里看到，这个军官是怎样先从盘子里拿走二十五卢布，然后再把这二十五卢布作为自己要付的诊疗费放了回去。

* * *

俄罗斯是一个官本位国家。

* * *

曾经有一片齐整漂亮的森林；任命了一位林务官——两年之后森林没有了，只有毛毛虫。

***

死亡是可怕的，但更可怕的是如果你有长生不老的意识。

***

大学培养一切人才，其中包括蠢材。

***

最令人啼笑皆非的人，是小地方的大人物。

***

由于我们的轻浮，由于我们多数人不善于、不习惯于观察和思考生活，没有任何地方能像在我们这里一样常常听到这句话："多么庸俗！"；没有任何地方能像在我们这里一样轻率地嘲弄别人的功绩和严肃的事物。另一方面，没有任何地方的人能像蒙受几个世纪奴役、害怕自由的俄罗斯人这样，顺从地屈服于权威的压迫。

***

为一个老实人做寿。都把这当成表现自己和互相吹捧的机会。

只是到寿宴将要结束的时候，大家才猛然想起：他们忘了把老实的寿星请到现场。

＊＊＊

因为这卑躬屈节，因为这虚情假意，我们感到十分疲倦。

＊＊＊

所谓的统治阶级，是不干活的人，他们要是长久没有战争就过不好日子。没有战争，他们感到寂寞，悠闲使他们没有精神，让他们上火，他们不知道怎样生活，于是他们互相撕咬，互相攻击，用尽一切办法让自己和对方成为仇人。而一旦战争爆发，战争把所有的人都吸引过来，共同的不幸就把大家团结起来。

＊＊＊

不贞的妻子是一块很大的凉肉饼，人们都不敢去动它，因为有人已经用手捏过它。

＊＊＊

俄国人本来是比其他民族的人都容易感染高尚的思想的，然而为什么这些人的生活过得如此低下呢?

* * *

如果你听听他们的谈话，他永远是被他的太太烦死啦，被他的房子烦死啦，被他的产业、他的马烦死啦。

注 :《三姐妹》中韦尔希宁的台词 :

韦尔希宁　就算是吧……但我觉得，至少在这座小城里，那些无聊的文官也好，军人们也好，反正一样，反正都一样！如果您要听听本地知识分子发的怨言——不管是文官还是军人，那都是为妻子受折磨，为房子受折磨，为财产受折磨，为车马受折磨……上等的俄罗斯人本来都有很高尚的思想意识的，但是请问，为什么他们在生活里得到的如此不堪？为什么？（《三姐妹》第二幕）

* * *

她脸上的皮肤不够用 : 为了睁开眼睛，需要闭上嘴巴，为了张开嘴巴，需要闭上眼睛。

* * *

一个卖弄风情的女人嚷嚷说 :“什么都怕我……无论是男人，还是风……啊嘿，别缠着我！我永远不嫁人！”可是她家里很穷，父亲是酒鬼。如果您看到她和她母亲如何辛勤劳动，她如何保护父亲，您就会对她怀有敬意，同时也会感到奇怪，她为什么以贫穷和劳动为耻，却不以这样的嚷嚷为耻。

* * *

没有我们的地方是好地方：从前没有我们，从前大概是很美的。

* * *

有个销售甜酒的商人，使用了皇冠作商标。某君为此很气恼，一个商人居然篡夺皇位，这个念头令他痛苦万分。他到处告状，纠缠所有的人，寻求报复的办法，诸如此类，不一而足，他终于死于气愤与劳累。

* * *

一个村庄有一个特别受人崇拜的圣像。常有群众参加迎接圣像的仪式。阿历克塞神父为了有充分的时间做奉献祈祷，就叫他的侄子伊拉利昂来帮忙。伊拉利昂念圣饼上的名单，念了十八年，一次都没有问问自己，这样念是好还是不好，只是每次弥撒过后能得到二十五戈比。他信不信他做的这一切呢？不知道，因为他从没有想过这个，可是十八年过去了，他忽然在一张纸条上读到："你是个大傻瓜，伊拉利昂！"

注：这是小说《主教》的创作札记。略有改动。小说里是“能显灵的圣像”；伊拉利昂每次弥撒的收入是“五个戈比”：札记中的“十八年过去了”到小说中改为：“直到他头发白了，头顶秃了，一辈子过去了。”

* * *

在一个晴朗的冬日，见到一辆铺着小毛毯的新雪橇驶来，心里特别高兴。

* * *

我的眼泪洒在你那双被我亲吻的手上。

* * *

X君一辈子说的、写都是关于仆人的坏处，以及纠正和管制的办法，但到他死的时候，除了自己的仆人和厨娘外，全都背弃了他。

* * *

神父的儿子对女仆发脾气，骂道：“哼，你这头以色列国王的母驴！”而神父听了什么也没说，只是暗自羞愧，因为他记不得

《圣经》上什么地方提到过母驴了。

注：见《主教》第一章。只有一个变化：在小说里挨神父儿子骂的是厨娘。

* * *

情书上写着："附上回信邮票。"

* * *

优秀的村民都离开农村来到城市，所以农村在衰败而且还会衰败下去。

* * *

特等车厢的旅客，这是社会渣滓。

* * *

有个人投票一辈子都往左边的票箱投。

* * *

真正的男人是丈夫和官员的组合体。

* * *

爱情。它或是曾经很伟大的一种东西的退化残余，或是将来很伟大的一种东西的萌芽状态，但今天还不能满足我们，比我们期待的要少得多。

* * *

哎哟！可怕的不是骷髅，可怕的是我已经不再害怕这些骷髅。

* * *

N君追求Z姑娘已很久。她是个笃信宗教的姑娘，当他向她求婚的时候，她把他以前送给她而现在已经干枯的一朵花，放进了祈祷书里。

* * *

一千年之后，在另一个星球上将会有人议论起地球：你还记得那棵白色的树吧……（白桦）。

* * *

你权把这一切（您被解雇的事）看作天地间的一种自然现象吧。

* * *

丈夫和妻子都喜欢有客人来，因为没有客人在场他们就要吵架。

* * *

一个戴肩章的林务官从没有见过森林。

* * *

N女士的丈夫先后做过陪审检察官、地方法院法官和高等法庭陪审员。这是个平庸的、乏味的男人，但N女士爱丈夫，一直爱到死。当她知道丈夫犯了错误的时候，便给丈夫写些非常感人的信，她临死的时候，脸上还露出爱的动人的表情。很显然，她爱的不是她的丈夫，而是某个别的男人，一个高尚、美妙、并不存在的男人，只是她把这爱倾注到了丈夫身上。她死后，在房里还能听到她的脚步声。

* * *

聪明人说："这是谎言，但没有这种谎言老百姓没法生活，因为它有历史根源，把它立即消除是危险的；还是把它略做修正，继续存在下去的好。"而天才说："这是谎言，因此它不应该存在下去。"

* * *

无论是在铁路上，还是在轮船上，还没有一次不多收我托运费的。

* * *

N君一生与愚昧做斗争，他研究一种疾病，研究它的病菌；为此他献出了自己的全部力量和生命，但到逝世前不久，他突然发现，他研究的这种疾病没有任何传染性，也没有任何危险性。

* * *

一个动物园的管理员做了个梦。梦见有人给动物园捐赠动物。先是一只旱獭，然后是一只鸵鸟，后来是只老鹰，再后来是只山羊，然后又是一只鸵鸟，捐赠没完没了，动物园都挤满了动物——动物园的管理员大为恐慌，大汗淋漓地从睡梦中醒了过来。

* * *

俾斯麦曾说：慢慢地把马套在车上，快快地赶马车，表现着这个民族的性格。

* * *

此地土壤好极了，如果往地上插一根木架，过一年会长出一辆马车来。

* * *

当我们有了孩子，我们就把诸如逆来顺受和市侩习气等所有弱点，统统都用“这是为了孩子”这个理由来加以掩盖。

* * *

Z君是工程师或医生，一天去看望当杂志主编的叔叔，很开心，便常常到叔叔家走动，后来当了编辑，逐渐丢掉了自己的专业；有天晚上从编辑部出来，想到了什么，抓住脑袋说全都完了！头发开始变白。后来头发完全白了，肌肉松弛了，成了个可敬而无名的出版商。

* * *

一个四十岁的、没有才华的、长得难看的女演员，午饭时吃了鹧鸪，我为这只鹧鸪惋惜，我想，这只鹧鸪要比这个女演员更聪明、更有才华。

* * *

旷野的深处，一棵白杨树。这幅画的标题是：孤独。

* * *

客人走了；他们玩过纸牌，留下的是一片杂乱无章：烟雾、纸片、碗碟，而更主要的是——黎明与回忆。

* * *

宁可挨蠢人一顿揍，也不要受他们一通夸。

* * *

他和一个四十五岁的女人同居之后，开始写恐怖小说。

* * *

我做了个梦，好像我去了印度，当地有个首领送给我象，而且一送就是两头。我不知该怎么照顾这两头象，我醒了过来。

* * *

一个八十岁的老头对一个六十岁的老头说："年轻人，你真不知害羞!"

* * *

随着人的死亡而死亡的，仅仅是我们的五种感觉，而在这些感觉之外，大概还有某种巨大的、非常崇高的东西存在于我们的感觉之外，这种东西还存活着。

* * *

如果害怕孤独，那就不要结婚。

* * *

结了婚，布置了环境，买了书桌，收拾了房间，但什么也写不出来。

* * *

浮士德说：你不知道的，恰恰是你所需要的；你知道的，却是你用不上的。

* * *

他们相信你，你尽可以说谎，只是说话的时候要装出很严肃的样子。

* * *

哟，你啊，我的小脓疱！未婚妻温柔地对他这样说。未婚夫想了想，觉得受了委屈，于是两人分手了。

* * *

有个女演员演砸了所有的角色，演得极其不好，而且一辈子都如此，直到死去。观众不喜欢她，怕看她的戏，她毁了不少很好的角色，但她直到七十岁还在当演员。

***

俄国人的唯一希望，是赢二十万卢布的彩票。

***

能任命一些光棍或鳏夫当省长该多好！

***

他想，只有医生才能断定这个人究竟是男人还是女人。

***

医生N君是私生子，没有和父亲一起住过，对他缺乏了解，突然儿时的朋友Z君不好意思地对他说："事情是这样的，你父亲病了，很想念你，希望能看上你一眼。"

父亲开了一家名叫"瑞士"的餐厅。他用手抓煎鱼，然后再用叉子。伏特加的味儿也不正。N君去看了看，吃了顿饭，除了失望之外，没有其他感觉；想不到这个头发花白的胖男人在经营这样不上档次的餐馆。但有一回，晚上十二点钟他从餐厅走过，往窗里一看，见到父亲正弓着背在读书。他在父亲身上发现了自己，自己的神态。

* * *

检查过建筑工程后，拿过贿赂的工程检查委员会成员，胃口大开地吃了一顿饭，像是一顿悼念他们死去了的良知的会餐。

* * *

夫妻一起生活了十八年，老是吵架。终于他向妻子承认他有了外遇（其实他根本没有外遇），于是两人离了婚，这让他感到高兴，却让全城感到愤怒。

* * *

N君每天喝牛奶，每次在牛奶杯里放一只苍蝇，然后责问仆人说："这是怎么回事？"露出一副受害者的样子。不这样，他无法生活。

* * *

N君知道了妻子有外遇。很愤怒，很伤心，但犹豫着，不作声。后来他不事张扬地向妻子的情人借钱，捞到补偿，还继续认为自己是个正派人。

* * *

诗歌和文艺作品所包含的内容，不是人们所需要的，而是所希求的；它们并不远离大众，它们反映的是大众之中先进分子的需求。

* * *

俄罗斯是片广漠的平原，剽悍的人在它上面飞奔。

* * *

只有当人生活不顺当的时候，他的眼睛才会睁开。

* * *

有时那些诸事顺遂的幸福人特别令人难以忍受。

* * *

当蝗虫成灾的时候，我写过防治蝗虫的文章，引起大家的热烈关注，我名利双收；当蝗虫绝迹之后，蝗虫被人们忘记了，我也被忘记了。

* * *

他热情地介绍说：我荣幸地介绍，这位是依兹戈耶夫先生，是贱内的情人。

* * *

N君培育臭虫，以此为生；他从自己职业的角度来衡量文学作品。如果在托尔斯泰的小说《哥萨克》里没有说到臭虫，那么《哥萨克》便是一本不好的小说。

* * *

人相信什么，就拥有什么。

注：这是契诃夫引用高尔基《底层》（一九〇二）中鲁卡的一句台词（《底层》第二幕）。

* * *

N君生了当演员（或歌手）的妻子的气，背着她写了些批评她演技的剧评。

* * *

雪在下着，但没有落到被鲜血染红的土地上。

* * *

他是个纯理性主义者，但这个不信教的人却喜欢听教堂的钟声。

注：契诃夫就是这样一个人，他不信教，却喜欢听教堂钟声。

* * *

有钱的老爷总是说：农民喜欢我。

注：这句话用进了《樱桃园》里加耶夫的台词中——

加耶夫　　我是八十年代的人……大家都不称赞八十年代，但我还是要说，我为了自己的信念在生活中吃过不少苦头。怪不得农民很喜欢我。需要了解农民！……

* * *

庸人们憎恨一切新的和有益的东西：在霍乱流行的时候，他们把医生当敌人打死了，但他们却爱喝伏特加。根据庸人们的所爱与所憎来判断，就知道他们的所爱与所憎的东西的价值。

* * *

人们上剧院去看戏，是想在看我的戏的时候能立竿见影地学到什么东西，获得什么有益的启示。但我要对您说：我没有工夫和这类俗物打交道。

* * *

透过窗户，看到有人在将一位死者抬走，我想说：你死了，人家在把你送到坟场去，而我要去吃早饭。

* * *

当你想喝水，仿佛想把全部海水都喝下去——这是信仰；而当你真喝水，也就喝上一两杯——这是科学。

* * *

没有一样东西不被历史神圣化。

* * *

N君是个歌唱家，他不与任何人攀谈，把喉咙缠住，保护嗓子，但谁也没有听过他唱过一次歌。

* * *

小喜剧：N君为了结婚，在他的秃顶上抹了广告上宣传过的一种药膏，结果出乎意料地在头上长出了猪鬃。

* * *

单间。富翁Z把餐巾围在脖子上，用叉子拨动了鲟鱼，说："就是马上要死我也要美餐一顿。"他早就这样说了，而且每天都这样说。

* * *

星星早已消失，但无知的人们还以为它们在闪耀。

* * *

他当过剧团的提词员，后来觉得厌倦，就不干了；之后的十五年里他没有进过剧院，后来又去了一次剧院，看了个戏，感动得流了眼泪，变得很忧伤，当妻子在家里问他是否喜欢戏剧，他回答说："我不喜欢！"

* * *

您应该有穿着体面的孩子，而您的孩子同样也应该有很好的住宅和孩子，而他们的孩子也应该有孩子和很好的住宅，但这都是为了什么呢——鬼才知道。

* * *

钟表。锁匠叶果尔有个表，要么走得慢，要么走得快，像是故意捣乱似的，当它走到十二点的时候，突然一下子跳到了八点上。像是有个魔鬼躲藏在这个表里面。锁匠想弄清原因所在，有一次把这表扔到了圣水里……

* * *

以前的小说人物（如毕巧林、奥涅金）都是二十岁上下，而现在的小说人物不会小于三十五岁。很快小说女主人公的年龄也会有变化。

注：毕巧林是俄国作家莱蒙托夫（一八一四—一八四一）小说《当代英雄》的主人公；奥涅金是普希金（一七九九—一八三七）诗体小说《叶夫根尼·奥涅金》的主人公。

* * *

N君是一个名人的儿子；他很优秀，但不管他做了什么，别人还是说：不错是不错，但毕竟不及他父亲。有一次他参加一个晚会，他表演了一段朗诵，参加表演的人都很成功，但说到他的时候，还是说：不错是不错，但毕竟不及他父亲。回到家里，躺在床上，他看着父亲的照片，朝他挥舞拳头。

* * *

我们辛勤劳动，是为了改变生活，使我们的后代生活得幸福，而我们的后代估计会这样说：以前比现在好，现在的生活还不如以前。

* * *

现在，当一个正直的人用自责的态度对待自己和自己的工作，就有人出来对他说：你是个惹人讨厌的悲观主义者；但当一个善于投机的人高喊要好好工作，就有人给他鼓掌喝彩。

* * *

当女人像男人一样成事不足败事有余时，人们便认为这是正常的，这是可以理解的，而当女人像男人一样干出一番事业时，人们反倒认为这是不正常的，是不能容忍的。

* * *

我一结婚，就成了老妈子了。

* * *

到了那个世界，我希望能这样回顾我的人世生活：那是一个美丽的梦。

* * *

作家格沃兹科夫以为自己很有名，一定所有人都知道他。他到某市时，见到一位军官，军官久久地握着他的手，欣喜地瞧着他的脸。作家很高兴，怀着同样的热情握着对方的手……军官后来问道："您是个乐队指挥吧，您的乐队现在情况怎么样？"

* * *

上大学的儿子向全家朗读法国作家卢梭的著作，父亲N先生一边听，一边想："不管怎么样，这位卢梭的脖子上没有挂着金质奖章，而我的脖子上挂了一个。"

* * *

医生是请来的，护士是喊来的。

* * *

某人永远与别人有不同看法："是的，就算这天花板是白色的，但就我所知，在光谱里白色由七种色素组成，很有可能，在这里，这七种色素中的某一种过于暗或过于亮，这样的话，就不是完全的白色了；因此，在说它是白色之前，我得先想想。"

* * *

为奥尔迦做的棺材。棺材匠的妻子快要死了，他在做棺材。她要三天之后才死，但他得赶紧做棺材。因为复活节过几天就到了。过了三天她还没有死，有人来买棺材，他糊里糊涂地把这口棺材卖了。当她快要死去的时候，他把棺材的耗费记上了账。他给活着的妻子量了做棺材的尺寸。妻子说：你还记得三十年前，我们生了一个淡黄色头发的孩子时的情景吗？那时我们坐到了小河边。

她死了之后，他来到小河边，在这三十年里，柳树长得很高大了。

注：这是小说《洛希尔的小提琴》（一八九四）的情节概要。小说里把"三十年"改成了"五十二年"，契诃夫强化了这个关键

性情节——在共同生活的半个世纪里，丈夫一次也没有再和妻子坐到他们曾经坐过的小河边，而他半个世纪以后又见到河边那棵柳树，叹道："衰老得多了，这可怜的树！"

* * *

凶杀。峡谷里一具尸体。一个年轻的、缺乏经验的检察官。小城。久久不能破案。一个小商贩上门来说："给我一千卢布，我就把凶手找出来，我认识的人多。"拿到一千卢布之后，小商贩说，我就是凶手……还笑了。检察官无法证明他是凶手，他提交了辞呈。

注：这条札记是契诃夫的一个创作构思，但后来没有写成小说。

* * *

五月二十五日，一八八四级的医生共进午餐。聚餐时的谈话是这样开始的：

"先生们，我们以前都曾经受过穷，而且因为穷困而愤怒过，现在我们有钱了，但我们为穷人做过什么呢？"

注：这则札记记录的是一八九四年五月二十五日举行的庆祝契诃夫从医学系毕业十周年的聚餐会。

* * *

先生们，甚至在人类的幸福之中也有某种忧伤。

* * *

应该培养人的良知与智慧。

* * *

温和的自由主义：应该给狗自由，但还是得把它套上锁链。

* * *

凭雅尔塔互助公债第一四三〇四号票据，于六月二十四日支付一千二百卢布。

注：一九〇四年六月二十四日，契诃夫已在德国的巴登威勒，这是契诃夫做出的最后一次财务安排，也是最后一则札记，七天之后，即一九〇四年七月二日（公历七月十五日），契诃夫在巴登威勒与世长辞。

契诃夫年谱

1860年

1月30日，安东·巴甫洛维奇·契诃夫诞生在塔甘罗格，这是俄罗斯南部靠近亚速海的一个城市。父亲是个开杂货店的小商人。安东·契诃夫排行第三，有两个哥哥、两个弟弟和一个妹妹。他和妹妹玛丽娅·契诃娃关系最亲近。玛丽娅终生未嫁，后来出任雅尔塔契诃夫纪念馆馆长，为搜集、整理、保护安东·契诃夫的文学遗产操劳一生。

1867年

进入塔甘罗格市希腊语小学。

1868年

转入塔甘罗格市俄语小学。

1876年

父亲的商店破产，全家移居莫斯科避债，安东·契诃夫与弟弟伊万仍留在塔甘罗格上学。

1877年

第一次去莫斯科过暑假。

弟弟伊万也离开塔甘罗格去莫斯科。安东·契诃夫独自一人留守故乡，过着寄人篱下的生活。

1878—1879年

写作剧本《没有父亲的人》。这个剧本直到1923年才被发现。1957年后西欧诸国开始搬演此剧。因为主人公叫普拉东诺夫，所以现在都以“普拉东诺夫”命名这部契诃夫的戏剧处女作。中国首次演出此剧是在2004年的契诃夫戏剧节上，由中国国家话剧院演出，王晓鹰执导。

1879年

中学毕业并考上莫斯科大学医学系。

1880年

3月，在幽默刊物《蜻蜓》第10期发表小说处女作《一封给有学问的友邻的信》。

1881年

开始以安托沙·契洪特等笔名在好几家幽默刊物发表作品。

1883年

7月，在杂志《花絮》上发表名作《小公务员之死》，从而结识《花絮》主编列依金（1841—1906）。列依金慷慨地给契诃夫提供了发表作品的平台，契诃夫的早期小说名作，包括《小公务员之死》《胖子与瘦子》《变色龙》

《阿纽塔》《意见簿》等，都在《花絮》上发表。契诃夫也一直记着列依金的知遇之恩。

1884年

莫斯科大学医学系毕业，取得行医资格，在莫斯科近郊的一家医院当医生。

第一个作品集《梅尔波梅尼的故事》问世。

12月第一次咳血。

1885年

12月，第一次去彼得堡，与《新时报》主编苏沃林（1834—1912）相识并与之建立私谊。契诃夫许多重要的观点都出现在他给苏沃林的书信之中。

1886年

3月25日，老作家格利戈罗维奇写信给契诃夫，盛赞他的小说《猎人》，也希望他用更严肃的态度对待创作。受宠若惊的契诃夫立即复信说：“您的来信像闪电一样震动了我，我激动得几乎要哭泣……”这位前辈作家的来信，对契诃夫从幽默小品转向严肃文学创作，起到了重要的推动作用。

5月，出版收有《苦恼》的小说集《形形色色的故事》。也在这一年，契诃夫与著名作家柯罗连科相识。

1887年

8月，出版小说集《在黄昏中》。

11月19日,《伊万诺夫》在莫斯科柯尔什剧院首演。这也是契诃夫第一次在剧场里观看自己剧本的舞台演出。

1888年

3月，名作《草原》发表于《北方信使》杂志。

10月7日，小说集《在黄昏中》获普希金文学奖。

12月，在彼得堡与作曲家柴可夫斯基相识。

1889年

继《草原》后，又在《北方信使》发表力作《没有意思的故事》。29岁的契诃夫在这篇小说中写了一位行将就木的老教授的精神状态。

1890年

3月初，初识米齐诺娃，开始了长达九年的恋爱。米齐诺娃也成了《海鸥》中女主人公妮娜的原型。

3月，出版小说集《忧郁的人》。

4月21日，离开莫斯科，跨越西伯利亚前往萨哈林岛。

6月27日，乘船漂流黑龙江，参观中国瑷珲古城。

7月11日，到达萨哈林岛。在三个月又三天的时间里，契诃夫遍访这个流放犯人聚居地的所有居民，写了上万张人口调查卡片。

10月13日，离开萨哈林岛，乘“彼得堡”号海轮途经日本海、印度洋，然后进入红海，通过苏伊士运河到君士坦丁堡，于12月1日抵达敖德萨，最终于12月8日回到莫斯科。

1891年

3月，与苏沃林结伴赴西欧旅游，足迹遍及维也纳、威尼斯、佛罗伦萨、罗马等名城。

1892年

从1891年年底到1892年2月，参加外省的救灾工作。

3月，定居梅里霍沃庄园。

11月，发表小说《第六病室》，产生强烈的社会反响。

1893年

10月，开始发表《萨哈林旅行记》。

1894年

1月，小说《黑衣修士》发表。

9月，再度出国赴西欧旅游。

1895年

8月8日到9日，怀着朝圣的心情，在雅斯纳亚·波利亚纳头一次拜访列夫·托尔斯泰。契诃夫给托尔斯泰留下了深刻印象，托翁称他“是一个极有魅力的人，谦虚的人，可爱的人”。

10—11月，在梅里霍沃庄园写作剧本《海鸥》。

12月14日，初识作家蒲宁——后来成为第一个获得诺贝尔文学奖的俄罗斯作家。

1896年

2月15日，在莫斯科再访列夫·托尔斯泰。

10月17日，在彼得堡皇家剧院首演《海鸥》，惨遭失败。

1897年

3月22日—4月10日，因大量咳血在莫斯科住院治疗。3月28日，列夫·托尔斯泰到医院探望，两人在病房里就人死后灵魂是否还存在的问题展开了讨论。

9月1日，出国去巴黎，又去尼斯过冬。

1898年

1—2月，因法国的“德雷福斯案”与老友苏沃林产生冲突，遂冷淡了彼此的关系。

4月，取道巴黎回国。

夏天，在梅里霍沃庄园写作小说三部曲——《套中人》《醋栗》和《关于爱情》。

7—8月，出资在梅里霍沃建造小学。

9月9日，在莫斯科与女演员克尼碧尔一见钟情。

12月17日，莫斯科艺术剧院首演《海鸥》，大获成功。

开始在雅尔塔过冬，创作后来被托尔斯泰激赏的《宝贝儿》。

1899年

1月17日，与书商马尔克斯签订版权出售合同。

3月19日，在雅尔塔初识高尔基。高尔基对契诃夫说："您是我见到的一个最最自由的，对什么也不顶礼膜拜的人。"

秋天，在雅尔塔写作《牵小狗的女人》。

10月26日，莫斯科艺术剧院首演《万尼亚舅舅》。

1900年

1月8日，被选为科学院名誉院士。

12月11日，出国旅行。

1901年

1月31日，莫斯科艺术剧院首演《三姐妹》。

5月25日，与克尼碧尔在莫斯科秘密结婚。

8月3日，立下遗嘱。遗嘱的最后一句是："帮助穷人，爱护母亲，全家和睦。"

11月14日，与高尔基一起去卡斯普里探望列夫·托尔斯泰。

1902年

8月25日，为声援高尔基，声明放弃科学院名誉院士称号。

1903年

12月，发表最后一篇小说《未婚妻》。

秋天完成最后一部剧本《樱桃园》的写作。《樱桃园》的最后一句台词是："生命就要完结了，可我好像还没有生活过。"

1904年

1月17日，莫斯科艺术剧院首演《樱桃园》，并在舞台上为契诃夫庆贺44岁生日。其时契诃夫已重病在身。

6月3日，偕妻子起程出国治病。

6月8日，到达德国疗养地巴登威勒。

7月2日（公历7月15日），于巴登威勒病逝。去世之前，契诃夫的最后一句话是："我好久没有喝香槟了。"把一杯香槟喝完，就侧身睡着了。

7月22日，契诃夫的灵柩在莫斯科新圣女公墓下葬。